［増補版］

こころの ケアの基本

初学者のための心理臨床

小俣 和義 編著

Kazuyoshi Omata

北樹出版

増補版　はしがき

　令和の時代に入り、社会の変革が大きくなるとともに、SNS の発達が著しく瞬時に見知らぬ他者とつながれる環境となり、そのことが人々のこころにもたらす影響は大きいものとなっている。そして、近年気候変動が顕著になり、干ばつ、水害、地震などの自然災害が全国各地で相次いでいて、こころのケアの重要性がますます増している。

　こうした状況のなか、わが国では、2017 年 9 月に公認心理師法が施行され、2018 年より公認心理師養成のプログラムが始まった。本書では、この大学の公認心理師養成の必修科目に対応するために、これまでの臨床心理士養成の知見に最新の情報を加え、『こころのケアの基本──初学者のための心理臨床』の増補版として、世に送り出すこととなった。

　公認心理師養成科目として、第 I 部と第 II は「心理的アセスメント」として、また第 III 部と第 IV 部は「心理学的支援法」に対応できるように、それぞれ内容の充実を図った。

　増補版では、公認心理師法について触れつつ、こころの専門家が働く 5 つの分野について、保健医療、福祉、教育、司法・犯罪、産業・労働という分類を用いて紹介した。また、心理アセスメントを行う上での留意点を加筆し、さらにイメージ療法やアウトリーチ支援についても紹介し、幅広い心理職の活動に触れる内容になるよう工夫を施している。

　そして、第 10 章の災害支援・危機支援では、2011 年に起こった東日本大震災から 9 年経ってもなお被災が続いている現状について読者に語りかけている。

　公認心理師、臨床心理士をはじめとするこころの専門家を目指す方、これから学ぼうとする方、こころのケアに関心がある方、ぜひご一読いただきたい。

　　2020 年 1 月 13 日

小俣　和義

はじめに

　こころのケアというのは、事件や犯罪、そして災害などが報道されるたびにわれわれがよく耳にする言葉である。だが実際に、こころのケアって何だろうといわれると端的に説明することはことのほか難しい。おそらく、からだの怪我や傷を縫合処置や手術で治していくのと違い、こころは目に見えないので、具体的なイメージがしにくいからであろう。また、心理的援助技法には、さまざまな流派や立場がありかなり方法が異なっているため、初学者にとってはなじみづらいところがある。しかしながら今日、親子関係、家族関係、親戚関係、友だち関係、職場での人間関係など身近な場面で歪みや問題が生じており、こころのケアは非常に重要であるといえる。本書は理論の概説にとどまらず、このような身近で具体的な問題にも寄り添うことができるよう、それぞれの現場でこころのケアの実践活動に携わっている心理職の執筆者によって構成されている。まずは、こころのケアを行う際の根幹にかかわる部分について解説し、その上で見立てや介入をする際の具体的な技法を紹介していく。

　本書では、はじめて臨床心理学にふれる大学生や一般の皆様に向けて、こころのケアの基本を理解してもらうことを目指している。さらに、知識を身につけるだけでなく、心理臨床の実践の現場を理解し、日常生活に応用できるように具体的なトピックを盛り込むように工夫を凝らしている。序章では日常生活における心がけや基本的なマナーなど、当たり前でありながらも対人援助をしていく上で非常に大切なことを述べる。第Ⅰ部「臨床心理学的研究と心理臨床の対象」では、導入として学問としてのなりたちと展開を紹介しつつ、こころの病気について概観し、さらに各年代におけるこころの問題の特徴を紹介し、読者への理解を促していく。第Ⅱ部「心理的アセスメント」では、面接法や観察法を含めたさまざまな見立ての方法について述べ、臨床現場で使われる発達検査、知能検査、パーソナリティ検査、神経心理学的検査など各種心理検査についてわかりやすく解説を加えている。次に、第Ⅲ部「心理学的支援法」では、

代表的な心理療法の理論と技法を紹介した上で、言語やからだ、絵画、玩具などさまざまなツールを用いた心理療法や、子どもや家族、高齢者など援助の対象によって行う援助技法を紹介し、こころのケアの実践について詳しく説明を加えた。さらに、第Ⅳ部「心理臨床の実践」では、保健、福祉、教育、司法・犯罪、産業・労働、大学機関などの各領域の第一線で活動しているこころの専門家によって、臨床現場における実践活動を幅広くかつ詳しく述べている。このことによって、こころのケアについて読者の皆様の興味や関心を深められるような構成とした。そのなかの10章では東日本大震災における岩手、宮城、福島の東北3県での被災地心理支援活動について、それぞれ現地でこころのケアを実践している執筆者が現地の状況を詳細に把握しながら書いている。また、各部の最後には体験コラムと学びのポイント、第Ⅳ部の仕事の紹介のなかに実践コラムを設け、初学者に近い視点から、それぞれの領域について働く専門家の率直な声を届けるとともに、より読者の皆様にこころのケアの実際が伝わりやすいように工夫を凝らしている。

　こころのケアに関心をもっている人、これから臨床心理学を勉強しようと思っている人、将来こころの専門家を目指すことを考えている人、そしてこころの問題に関心があるすべての人にとって格好の指南書となるようにこころを込めて作成した次第である。紙数の都合もあり、網羅しきれない部分もあるので、さらに理解を深めたい読者は、巻末に紹介されている文献を参考にされるようおすすめしたい。こころのケアの基本について多くの方々に正しく知ってほしいというわれわれ執筆者の思いが、本書を通じて皆様のこころに届くことを切に願っている。本書を手に取られ、お読みになった皆様が、現代社会に生じているこころの問題とは何か、それをどう見立て、こころのケアを行っているのか、各機関でこころの専門家がどのように活動しているのかを知っていただく手がかりとなればこの上なく幸いである。

編者　小俣　和義

■ ■ 目　　次 ■ ■

こころのケアの基本

初学者のための心理臨床

序　章
こころのケアの基本

① 基本的なマナー

　こころのケアというとこころの専門家が悩んでいる人に対して、それを解決していくというイメージがあるかもしれない。または、専門的な技法を駆使して、困っている人を救うあるいは助けるという役割が浮かぶかもしれない。それはひとつの側面ではあるのだが、実際には、そっと寄り添い困っていることを一緒に考えていく、どうしたら困難な状況を乗り越えていけるかをともに模索していくというプロセスをたどることが多い。正しい解決策を提供するというものではなく、特定の価値観に導くものでもなく、「ともにいること」である。

　援助を行う際に大前提としてまずは、困っている相手の目線に立って、その思いを徹底的に感じていくことである。そのためには、目の前にいる相手が今どんな思いでいるのか、想像力を駆使していくことが何よりも大切である。その上で、自分が発した言葉や態度が相手にどのように受け止められているか、自分のふるまいが及ぼしている影響はどの程度か常にモニターをしておく必要がある。言葉ひとつを選ぶにも相手との関係性からその場の状況、話の目的に応じて適宜調整していく必要がある。当然、自分本位で与えられた役割をこなせばいいというような心構えではできないことである。自分から相手に対して最大限配慮し、こころのエネルギーを費やしていく覚悟が求められるからである。

　また、相手が気を揉ませて心労を与えてしまうことのないように気を配っていく必要がある。相手に仕事を頼むときには無理を押しつけていないか、時間的に猶予が与えられているか、資料の受け渡し方法は明確に伝えられているか、失礼な言い回しをしていないか、想像力を十分に働かせてみることが大切であ

る。不測の事態に対処できるためには先々に起こり得る事態を予測し、時間を見通していくことが非常に重要になる。クライエントとの面接をする際に、しっかりと相手の目線に立って最大限の配慮ができているかどうかが重要な鍵となる。

❷ 連 携

　保健医療、福祉、教育、司法・犯罪、産業・労働など、心理職（公認心理師・臨床心理士）が活動する現場は多岐にわたっている。そのなかで職業としての専門性を築いていくことは、なかなか難しい。心理職としてのアイデンティティを少しずつ確立していくためには、まずは自分ができることとできないことの守備範囲を謙虚にわきまえ、場の状況に応じて臨機応変に対応していくことである。臨床心理学の基盤をしっかりともちながらも、職場やクライエントのニーズを的確に把握し、他職種との連携を円滑に保ちながら自分ができることを精一杯取り組んでいくことである。そのためには、日頃から職場内外でのコミュニケーションを積極的に行い、風通しを良くしておくことである。とかく、現場に出始めの頃は自分ひとりで抱え込もうとして気負ってしまい、周囲が見えなくなってしまうという危険が生じやすいので注意が必要である。それを防ぐためには積極的に面接室の外に出て、さまざまな立場の異なる人たちの考え方にふれるように心がけることが重要である。

　医療機関であれば、医師や看護師、精神保健福祉士、受付スタッフとの情報共有、学校現場であれば、担任教師や養護教諭、校長、子どもの保護者など、さまざまな立場の人との交流がたいへん重要である。他のスタッフとの何気ない会話からも有用な情報が入ってくる。この連携とは、日頃からの良い人間関係の上に成り立つものであり、礼儀作法や常識性、社交上のマナーなど、当たり前とされていることができているかどうか、改めてわが身をふり返りたい。また、心理の専門以外の仕事をこなすことは、視野を広げるという意味も有している。そして他職種との連携においては、自分の専門性を主張するとともに、相手の置かれた立場も理解し、尊重することが大切である。相手の専門性を理

解した上で役割分担をし、よりよい援助を紡ぎ出していきたいものである。なお、心理臨床実践における連携については、丹治ら（2004）に詳しく述べられている。

　心理検査の所見レポートを作成する際にも、他職種のスタッフにもわかるように専門用語を極力控えること、カウンセリングの方針や進捗状況なども必要に応じてわかりやすくかみ砕いて伝えるなどの細かい工夫が必要である。後述するが、心理検査結果をフィードバックする際にも本人や家族の反応を見ながら相手が受け入れやすいように丁寧に説明できる工夫が必要である。現場では周囲に対するきめ細やかな配慮ができる人材が求められている（小俣他, 2007）。

③　コミュニケーション

　心理職とは、コミュニケーションの専門家である。クライエントや周囲のスタッフの状況を的確に把握し、心理学をはじめとする知識や本書で紹介する各種心理療法の技術、実践経験を駆使して、相手の気持ちを和らげ、他者との円滑な関係を促進することが、大きな使命である。そのなかでもとくに心理職に求められるものは、人とのコミュニケーションを通して、つなぐ姿勢をもつことであるといえよう。たとえば、「クライエントの内面と外界をつなぐ」「クライエントの周囲にある人間関係をつなぐ」「親子や家族の関係をつなぐ」「職場のスタッフ間をつなぐ」「他機関との関係をつなぐ」などである。具体的には、子どもの伝えたくても伝えられない気持ちを親に代弁することや疎遠になっている家族関係をつないでいくこと、職場でぎくしゃくしている人間関係が円滑になるように調整していくこと、被災されて分断されてしまった地元の人間関係を円滑なものになるように支援していくことなどがあげられる。心理臨床を実践していく際には、このコミュニケーション能力は欠かせないものであり、日頃より他者とのかかわりのなかで磨いていくことが大切である。こころの専門性を存分に生かしながら、このようなつなぎ役を担うことが、心理臨床家のアイデンティティの中核をなすものではないかと考えられる。

学びを実践につなげていく上での初学者の心がけ

　心理臨床に関する知識については、初学者の頃にさまざまな書物や授業を通して学び、その上で大学院などの専門的な養成課程のなかで歴史や理論、技法などを修得する。理論や知識を勉強することから得るものは大きく、臨床実践をすすめていく際の羅針盤として頼りになるものでもあろう。しかし、その知識が実際の臨床の現場では直接的に役に立たなかったり、時には邪魔をしてしまったりする場合がある。とくに、ある特定の知識や理論だけを学習しただけで満足し、その考え方を実践現場であてはめようとすると、目の前のクライエントが見えなくなるという重大な弊害が生じることになる。

　そこでまず、自分の目の前にある状況や相手のことを真摯に考え、何が必要であるのか、どんな支援が提供できるのかを謙虚な姿勢で感じていくことが重要となる。臨床実習などの現場に出た際には、日々の実体験を丁寧に積み重ね、折り重ね、しっかりと自分のものにしていくというプロセスが大切である。これがこころのケアの基本である臨床実践感覚といえる。そして、自分のなかで練り上げてきた実践感覚がこれまでにもっている知識とどのようにつながっているかを丁寧に照合し、必要に応じて取捨選択をしていくことで、徐々に臨床技能が高まっていくものである。また、自分のクセや適性を自覚することで、自分なりのやり方も見えてくる。初学者の頃はこころのケアに関する基本的な知識や理論を学びつつ、ボランティアや実習、アルバイトなどの人間関係を通して実践感覚を磨いていくことを心がけることが望ましい。そして、こころの専門家を志すにあたっては、事例検討会などを通して勉強を重ねること、そしてみずからの臨床体験をふり返り、常々感じていることを文章にしてまとめる作業も大切になってくる。臨床現場において実践をしつつ、研究活動を続けていくことは容易ではないが、技量を高めていくためにはどちらも必要である。

（小俣　和義）

第1章

臨床心理学のなりたちと展開

 臨床心理学の歴史と理論

1. 臨床心理学の歴史

　臨床心理学は心理学のひとつの分野である。心理学では人が一般的にどのような傾向をもっているかを探求するのに対し、臨床心理学はより細かに個々人のこころの動きに焦点を当てていく。「臨床」は、一人ひとりの病床に臨む、という意味であるが、現在臨床心理学では精神的病理の解明・治療に限らず、心理的健康の維持や促進という側面もあわせて担っている。

　人類の歩みとともに、精神の健康と不健康という問題は常にあったと考えられる。精神的病理の理解が不十分であった時代には、憑きものや呪いといった誤解や偏見に満ちた扱いを受け、社会から隔離されて一生を終えることも少なくなかった。1793年、フランス革命の最中、医師のピネル（P. Pinel, 1745-1826）らが声をあげ、精神疾患を抱える人々への人道的な処遇が少しずつ広まり始めたのである。

　「臨床心理学」という言葉をはじめて用いたのは、アメリカのウィットマー（L. Witmer, 1867-1956）である。1896年、ペンシルバニア大学で、学校で不適応を示す子どもたちの治療教育を行う心理クリニックを開設した。そして1907年にはじめて「臨床心理学」という言葉を用いて、新たな学問領域として打ち出し、さらに、セラピストを養成するための講座を大学内に設け、人材育成にあたった。このような学問と実践の両輪を位置づけたことは、のちの「科学者―実践家モデル」の発展に向けた礎になったといえるだろう。

　時を同じくして、精神測定学と力動心理学の観点で研究が盛んになっていた。

精神測定学は、心理学の父と呼ばれるヴント（W. Wundt, 1832-1920）に始まる流れであり、知能検査などの多くの心理検査の開発に寄与している。心理検査については、6章を参照されたい。

　他方の、力動心理学は、フロイト（S. Freud, 1856-1939）による精神分析学を中心とした流れである。精神科医であったフロイトは、シャルコー（J. M. Charcot, 1825-1893）のもとで催眠を学び、意識的には抱えきれない強い精神的ストレスや葛藤が原因でからだに機能不全を起こすヒステリー患者の治療にあたった。次第にフロイトは、起きた状態での治療を目指し、自由連想法

図1-1　S. フロイト

を考案し、意識と無意識の動き、すなわち精神力動を通じたこころの理解を進め、みずからの理論を精神分析と名づけた。

　フロイトの革新的な考え方は、保守的なヨーロッパよりも精神障害や非行などの問題行動が取り沙汰されていたアメリカで支持を受け、広がりを見せる。

　1930年代に入ると、多くの心理学者がナチズムの迫害から逃れてアメリカに渡っており、それまでバラバラに発展していた心理学がまとまりを見せるきっかけとなった。多くの学問に政治や戦争が影響を与えるように、臨床心理学も2度の世界大戦によって、さらなる発展のきっかけを得た。戦時中のアメリカでは、兵士の選定や配置のために、知能検査やパーソナリティ検査に代表される心理検査・アセスメントが、そして戦争帰還兵のために心理的援助の必要性が高まり、心理査定と心理的援助の2方向で飛躍的な発展を見せたのである。

　1950年頃には、精神分析に対する批判的な勢力として、行動主義が台頭してくる。ワトソン（J. B. Watson, 1878-1958）は、目で見ることができる行動を基準にして研究を行った。ワトソンの考えに基づき、行動主義では、治療の対象

図1-2　C. ロジャーズ
©Roger Ressmeyer/CORBIS/amanaimages

となるような不適切な行動は、未学習や誤学習の結果であると考え、不適応的行動の消去と、適応的行動の獲得によって症状は改善するとした。その後、パブロフ（I. P. Pavlov, 1849-1936）の古典的条件づけやスキナー（B. F. Skinner, 1904-1990）のオペラント条件づけを用いて、アイゼンク（H. J. Eysenck, 1916-1997）やウォルピ（J. Wolpe, 1915-1997）らによって行動の改善が目指された。行動療法は病理の理解・治療プロセス・改善状況が明確で数値化しやすいこともあり、精神分析と並ぶ二大勢力となった。

　1951年、そこへ新たに登場したのがロジャーズ（C. Rogers, 1902-1987）によるクライエント中心療法である。ロジャーズは精神分析や行動療法における治療者と患者というタテの関係性を否定し、治療を求めている者を患者ではなく、クライエント（来談者）と呼んだ。さらに、治療を行うのは来談者自身であると考え、心理学者はあくまでそれを手伝う立場であるという考えを打ち出した。これが第三の勢力であるクライエント中心療法である。

　1950年代後半には、エリクソン（M. H. Erickson, 1901-1980）によるコミュニケーション・アプローチや、家族療法、ブリーフセラピー（短期療法）など、実にさまざまな心理療法が考案された。20世紀後半では、これらの理論は対立するばかりでなく、互いの良いところを認め、統合していこうという流れができ始める。現在は、複数の心理療法を学ぶ傾向が高い。理論の違いによって、治療の効果に大きな差異はない、という研究結果も出されており、大事なのは目の前のクライエントのために、もてる力を最大限活かして専門的援助を行うことである。

　それぞれの理論については、第Ⅲ部で詳しく述べているので、参照されたい。

２．日本での発展

⑴　臨床心理士

　日本でも、フロイトの思想は早くから着目され、理論や症例が紹介されていた。また、日本独自の文化背景などから森田療法などオリジナルの心理療法も開発されていたが、臨床心理学の研究が盛んになったのは、やはり第二次世界大戦後である。多くの研究者がアメリカに留学し、さまざまな理論をもち込んできたこと、少年法や少年院法といった法の整備がされ、少年鑑別所や家庭裁判所などで臨床心理学の応用が必要となったことなどが後押しとなった。

　そして 1960 年代に入ると、学会ができ、臨床心理学の研究が組織的に運営されるようになった。医療現場や福祉、教育、司法、産業の現場などで、臨床心理学を学んだ者はすでに多様な活躍を見せていたが、こころの問題を扱う専門家としての資格と職業名が認定されるようになったのは 1988 年である。臨床心理学において一定の基準を満たしたことを示す資格として、「臨床心理士」が設定されたのである。さらに一般にはまだまだ知られていなかった臨床心理士の知名度が大きく上がったのは 1995 年である。この年に、学校におけるいじめの問題に対応するため、文部科学省（当時、文部省）によって 154 校の中学高校にスクールカウンセラーが配備され、その９割が臨床心理士であったこと、阪神淡路大震災やオウム真理教によるサリン事件など社会的に動揺の大きい出来事が続き、そのケアに臨床心理士があたったことなどがその理由である。つづいて 1996 年には、厚生労働省（当時、厚生省）によって「エイズ拠点病院カウンセラー設置事業」が始まり、徐々に社会的認知が高まっていった。

　2001 年には全国すべての公立中学校にスクールカウンセラーを設置することが決定し、近年は小学生のいじめや自殺問題に対応するため、小学校への設置が始まりつつある。現在はさまざまな場で心理的援助の専門家が活躍し、その地位を確立しつつある。

　なお、「臨床心理士」は専門資格でありまた職業名である。公益財団法人日本臨床心理士資格認定協会によって認可された民間資格であり、指定大学院を修了し、基準を満たすことで資格試験の受験資格を得ることができる。資格取

得後は5年ごとの更新制となっている。　　　　　　　　　　　　（大西　恵）

(2)　公認心理師

　2015年9月に公認心理師法が成立し、2017年9月に施行され、わが国初の心理職の国家資格として、「公認心理師法」が制定された。そして、2018年4月より正規ルートでの大学・大学院での公認心理師養成が始まっている。公認心理師は、保健医療、福祉、教育、司法・犯罪、産業・労働など多岐にわたる分野での活動を期待されており、特定の領域に限定されない「汎用性」「領域横断性」を特長とするものである。そのため、文部科学省と厚生労働省による共管とされ、主務大臣は文部科学大臣と厚生労働大臣と規定されている。

　基本的な職務としては、表1-1の通り、観察と結果の分析（心理アセスメント）、支援を要する者および関係者に対する相談、助言、指導（心理支援・多職種連携）、そして、こころの健康に関する教育及び情報の提供（地域連携）の4つとなっている。

　なかでも、「公認心理師は、学校や企業、病院、基礎自治体（市区町村など）を通じて、集団に対して心の健康増進に関する情報をわかりやすく普及するという業務がある」（斎藤，2019）ことが特徴であり、要心理支援者とその関係者に対する業務だけでなく、国民を対象とする教育、啓蒙、予防の責務が課せられているといえる。つまり、面接室内で心理支援を行うだけだけでなく、学校や職場、地域に出向き、広くこころの健康の普及に尽くすことが求められている。災害時の心理支援、自殺や犯罪の予防などにおいては、アウトリーチによる心理支援活動（小澤ら，2017）が重要となってくる（10章4節参照）。アウトリーチでは、多職種連携や地域連携（小俣，2018）が不可欠であり、他の専門職との連携や各関係機関との円滑なコミュニケーションと情報共有が求められる。支援者間での支援の方向性のずれや職域間での対立など、連携することによって生じる危険性（小俣，2019）についても十分に自覚しておかねばならない。また、公認心理師の法的義務（表1-2）として、連携等（第42条）や資質向上の責務（第43条）が挙げられており、心理職は時代の変化や要請に応じるかたちで、対象者および関係者との良好な関係を保つこと、常に研鑽を積んで専門家とし

表 1-1　公認心理師の職務（2019，厚生労働省）

公認心理師とは、公認心理師登録簿への登録を受け、公認心理師の名称を用いて、保健医療、福祉、教育その他の分野において、心理学に関する専門的知識及び技術をもって、次に掲げる行為を行うことを業とする者をいいます。
(1) 心理に関する支援を要する者の心理状態の観察、その結果の分析
(2) 心理に関する支援を要する者に対する、その心理に関する相談及び助言、指導その他の援助
(3) 心理に関する支援を要する者の関係者に対する相談及び助言、指導その他の援助
(4) 心の健康に関する知識の普及を図るための教育及び情報の提供

表 1-2　公認心理師の法的義務（2019，厚生労働省）

公認心理師の職責として、下記の 4 つが挙げられます。
1. 保健医療、福祉、教育等その他の分野の関係者等との連携［法 42 条］
2. 秘密保持義務（法手続きに基づく理由や人命にかかわる非常事態などの正当な理由がある場合は除く）［法 41 条］
3. 信用失墜行為の禁止（違法行為だけでなく、社会的な信用を失う行為の禁止）［法 40 条］
4. 資質向上の責務（生涯学習。自己研さんと相互研さん）［法 43 条］

ての技能を高めることに努めていくことが求められている。

　なお、受験資格取得のためには、経過措置を除き、所定の専門科目を修得する必要がある。

　心理職は、従来の臨床心理士とともに、公認心理師資格が新たに誕生し、心理支援のニーズが拡大するとともに、ますますその専門性と責務が問われる時代となってきたといえよう。

（小俣　和義）

❷　臨床心理学の研究と倫理

1．臨床心理学の研究

　このように発展してきた臨床心理学であるが、その専門性を生かして援助を行うことを、「心理臨床」と呼び、その実践家は「心理臨床家」または「心理職」という。心理職は理論に基づいて相談業務を担っており、学問的根拠や専門性をもたずに、自己の体験や感覚だけで相談活動を行うことは心理臨床とはいえない。心理職は、科学的視点と根拠をもって実践に臨んでいる。

　臨床心理士の業務には、心理アセスメント、心理面接、地域援助、そして研

究があり、これらは心理臨床における4本柱とされる。心理アセスメント、心理面接、地域援助についてはより詳細な後述（第Ⅱ部―第Ⅳ部）を参照してもらうこととし、ここでは研究活動について述べていく。心理学の研究は基本的に、仮説をたて、それを検証し、得られた結果を分析していくものである。大きく分けて、実験研究・調査研究・事例研究の3つがある。

(1) 実 験 研 究

実験研究では、仮説に基づいた実験計画をたて、実験を行い、データを得る。たとえば、どんな色が集中力を高めるかを調べたい時に、青色が最も効果があり、緑色・黄色・赤色の順に集中しにくくなると仮説をたてたとする。部屋の照明色を変えた状態で課題をさせ、その成績を比較するといった具合である。もちろん、個人の力量や照明色の明度などさまざまな影響が考えられるため、できる限り見たい要因以外の影響を排除するべく調整を行う。

この時、結果に影響を与える要因を独立変数、独立変数によって変化する結果を従属変数と呼ぶ。先ほどの計画でいえば、照明の色が独立変数、照明色によって変化があった集中力（この場合には課題の成績）が従属変数である。

(2) 調 査 研 究

調査研究は、質問紙法や面接法で集めたデータを心理統計法で分析し、考察を行っていく。たとえば、対人不安が強い人と弱い人とでは抑うつを感じる程度に差があるかを調べるとする。対人不安を測定できる質問紙と抑うつを測定できる質問紙とを組み合わせ、その結果を統計手法のひとつである分散分析や相関分析にかけるといった具合である。

調べたい内容に即した質問紙がない場合には、あらたに自分で作ることが可能であるが、手続きに則って信頼性と妥当性（5章1節参照）を検証する必要がある。

(3) 事 例 研 究

事例研究は、実際の事例を検討していく。実験や調査のように、数量化できる量的データに対して、記述されたデータを扱うため、生の言葉に近い温度を失わずに済むことが特長である。

事例の中心となる心理相談面接は、非構造化面接にあたり、話される内容や展開はさまざまである。それらをカテゴリーに分け、変化を追っていくことで、どのようなかかわりがどのような効果を生んだかなどを検討していく。たとえば、家族との不和を主訴に来談したクライエントとの面接経過をまとめ、セラピストからのどのような質問でクライエントの気づきが促されたか、セラピストとの信頼関係が積み重なるにつれて、クライエントの心理的安定がどのように変化したかなど、これまでの研究や技法とをふまえて考察される。うまくいった場合だけではなく、効果的でなかった関わりについても検討され、今後の改善につなげていくのである。

　目に見えないものを扱うからこそ、臨床心理学は科学性を重視する。科学的な裏づけや根拠をエビデンスと呼び、これに基づいた方法をエビデンス・ベースド・アプローチと呼ぶ。そして、目の前のクライエントがもつ固有の物語であるナラティブに耳を傾ける方法をナラティブ・ベースド・アプローチと呼ぶ。この双方を行うことが「科学者―実践家モデル」に基づいた臨床家に求められているものである。

2．臨床心理学における倫理

　臨床心理学では、研究活動においても実践活動においても、倫理が非常に重視される。こころを扱う上で心理臨床家が気をつけなければならないことは、心理的援助はすべてクライエントのために行うものであり、援助者のためのものではないという点である。このことをふまえ、援助者はみずからの言動がクライエントに不利益を巻き起こしたり、私益のためのものになっていないか、常にふり返る必要がある。そのため、心理臨床の実践を行うにあたっては、スーパーヴィジョンと呼ばれる指導の場をもつことが強く推奨されている。

　また、プライバシーの保護にも最大限気をつけなければならない。心理臨床の現場においては、ほとんどの場合、クライエントの個人情報に多くふれていく。なかには、誰にも知られたくないようなことも多く、その取り扱いには細心の注意が必要である。研究として発表する際などにも、クライエントの名前

や出生地は実際とは異なるイニシャルで示すなどし、クライエントが不利益を被らないことを大前提とするのである。

　そして、基本的人権を尊重し、人種、宗教、性別、思想および信条等で人を差別したり、嫌がらせを行ったり、みずからの価値観を強制しないことである。これは、こころの専門家としての人間性にかかわる重要な問題といえる。さらに、専門的技能を高めるために切磋琢磨し、相互の啓発に努め、他の専門家との連携や協働について配慮し、社会的信頼を高めていくように努めることとともに、対象者との多重関係（社交関係や恋愛関係など、本来の職業的関係以外の関係が混入すること）に陥らないように十分に留意しなければならない。これらは、当たり前のことかもしれないが、心理職の信用を保ち、真の社会的貢献をしていくためには、不可欠のことである。

（大西　恵）

第2章
こころの病気

　「恋人と喧嘩した」「怪我をして仕事に行けない」「成績が上がらない」など、人は日常生活を送るなかでさまざまな悩みをもつ。そのなかでも、「夜眠れない」「気分が落ち込む」「いらいらする」などの悩みは、こころの悩みとして考えられる。たとえば、近年社会においても取り上げられている「うつ病」という病気がある。これは気分の落ち込みを中心としたさまざまな症状によって、学校や会社に行けない、家事ができないなど、その人の日常生活を脅かすような状態になる病気である。なんらかのこころのありよう、状態によって、日常生活が脅かされるような時、それはこころの病気（脳内の神経伝達物質の異常も含む）にかかっているということになる。うつ病をはじめとして、こころの病気はさまざまにあるが、それを症状や状態によって分ける方法がある。その方法が診断である。診断とは精神科医などの医師がつけるものであるが、個々人が闇雲に診断をするわけではない。日本においては、主に世界保健機構（WHO）がまとめた疾病・障害・死因の国際統計分類（ICD）もしくは米国精神医学会がまとめた精神障害の診断基準（DSM）が用いられている（DSM は 2013 年 5 月より最新版の第 V 版が米国では適用され始めた）。なお、かつてはこころの病気は原因論で病気を分類、診断していたが、現在は症状や状態によって分類するように変化している。この章では、うつ病をはじめとしたこころの病気について、その分類と簡単な説明を行い、こころの病気の理解への足がかりを作ってもらいたい。

 不安障害的問題

　不安障害とは、かつては原因論によって神経症（ノイローゼ）といわれていた

病気があらたに症状によって再分類されたものである。なかでも不安感が症状の中心になっているのが不安障害であり、パニック障害、全般性不安障害、恐怖症性障害、強迫性障害、外傷後ストレス障害（PTSD）などに分けられる。

①パニック障害

パニック障害とは、内科的な異常がない状態で、動悸やめまい、発汗、死ぬのかもしれない恐怖感などの反応が突発的に起こる発作を症状としている。パニック発作は、前ぶれなく起こるため、本人にとって、再び起こるのではないかという予期不安を引き起こし、その結果、再びパニック発作を引き起こすという悪循環を生じさせる。悪循環が続くことによって、外出時の恐怖や、ラッシュ時の電車に乗れないなどの日常生活上の困難が生じることになる。

②全般性不安障害

全般性不安障害とは、身体的には疲れやすい、めまい、眠れない、頭痛、ふるえなどの症状、精神的にはイライラ、慢性的な不安感、過敏さ、集中困難などの症状が発生する。その結果、日常生活のさまざまな出来事に対して、理由がはっきりしないまま不安感が長く続く状態に至り、パニック障害同様、日常生活に支障をきたすようになる。

③恐怖症性不安障害

恐怖症性不安障害とは、特定事物への恐怖症、広場恐怖、社交恐怖からなる。通常であれば恐れる必要のないものに過剰なおそれを抱き、回避しようとする障害である。人を必要以上に怖がる対人恐怖も社交恐怖のひとつであり、結果として人との交流を避け会社や学校に行くことができず引きこもってしまうことも起こる。恐怖症性不安障害は、恐怖感が高じた結果、パニック発作を引き起こす場合もある。

④強迫性障害

強迫性障害とは、「鍵の閉め忘れがないか」などの特定の考えやイメージがくり返し浮かんで、強い不安や苦痛感に襲われる強迫観念をもつ障害である。強迫観念が強くなった場合は、その強い不安を打ち消すために「点検、確認をくり返す」といった強迫行為がおきる。強迫行為は自身にとっては不合理な行

為であることへの自覚があるにもかかわらず止められないことが多い。また強迫行為を行うことで一時的に不安は消失するが、再び強迫観念が生じると強迫行為をくり返すことになるため、出かけようと思っても不安で出かけられないといったように日常生活に大きな影響を及ぼす障害である。強迫性障害には、前記の例のような確認強迫のほかに、洗浄強迫などがある。

⑤外傷後ストレス障害（Post Traumatic Stress Disorder）

　外傷後ストレス障害（PTSD）は、日本においては 1995 年の地下鉄サリン事件や阪神淡路大震災で有名になり、また先の東日本大震災においても取り上げられた不安障害である。日常において、強烈なショックを受ける体験を受けた際に、そのショックがこころの傷、トラウマとなり PTSD が発症する。具体的には、再体験、回避・麻痺、過覚醒の 3 つの症状がある。再体験はトラウマ体験が突然思い起こされるフラッシュバックであり、回避・麻痺は感情や感覚が通常に作用しない状態である。過覚醒は常に意識が昂じ不眠などの状態に陥る。このような症状がトラウマ体験後 4 週間以内に発症した場合は急性ストレス障害（Acute Stress Disorder）、4 週間以上続いた場合が PTSD と診断される。また、PTSD は 3 つの症状のほかにも抑うつ感、罪責感、怒り、無力感などが生じることや気分が変動しやすくなるなどの感情の変化、自分自身の行動への自信を失い、何を信じればよいのかわからなくなった結果、他者とのかかわりにおいて孤立していくなどの対人関係の変化が起こる。

⑥身体表現性障害

　身体表現性障害は、医学的には異常がないにもかかわらず、身体的な苦痛を訴える症状のことで、かつてはヒステリーといわれていた。この障害は 5 つの下位分類があり、頭痛や腹痛、発汗、疲労感などのさまざまな身体的症状が数年間にわたり続く身体化障害、視力の低下、失声、感覚麻痺などの転換性障害、なんらかの身体部位の痛みを訴え続ける疼痛性障害、重大な疾患への恐怖や不安にとらわれ、些細な身体的な違和感に固執する心気症、みずからの容姿・容貌が劣っていると強く思い込む身体醜形障害（3 章 2 節参照）がある。いずれも身体的な訴えが中心となるが、医学的には異常所見がない場合に、身体表現性

障害となる。医学的に異常がない場合であっても薬物療法が有効である場合もあり、心身両面からのかかわりが重要となる。

⑦解離性障害

解離性障害は、事件・事故、虐待などのショック体験によって記憶を喪失、もしくは一時的に忘れてしまう解離性健忘、日常の生活から突然逃げ出し、過去の記憶をも喪失する解離性遁走、ひとりの人間のなかに少なくとも2つ以上の人格が存在している解離性同一性障害、自分の身体をどこか離れた場所から傍観者のように眺めている感覚をもつ離人症障害の4つに分類される。いずれも自分の記憶や思考、感情といった体験が、すべてあるいは部分的に失われた状態を指す。そのうちの解離性同一性障害は、多重人格障害ともいわれる。

⑧摂 食 障 害

摂食障害は、極端に食事を制限することや、逆に大量に食事を食べては吐くなどの行為をくり返す障害である。一般に拒食症といわれるような食事を制限するものを神経性無食欲症と呼び、過食症といわれるようなむちゃ食いや食べ吐きをくり返すものを神経性大食症と呼ぶ。どちらのタイプも後述するパーソナリティ障害を併発しやすく、自傷行為や自殺企図などの衝動行為が伴うことが多い障害である。

 統合失調症・気分障害

①統合失調症

統合失調症とは、100人に1人の割合で発症するといわれる病気である。脳内の神経伝達物質であるドーパミンが過剰に放出されて発症するとされているが、原因自体は特定されていない。発症した場合は、正常なこころのバランスをとるといわれる自我の働きが阻害され、こころや考えがまとまらなくなる病気で、かつては精神分裂病と呼ばれていた。症状としては妄想や幻覚、幻聴、思考の歪みといった陽性症状、感情の平板化、意欲低下などの陰性症状の2つに分けられる。発症年齢は青年期に集中しており、自我の確立がうまくいかな

い場合や、形成途中の自我が崩れた場合に、幻覚・妄想という症状が出現し始めると考えられている。統合失調症がほかのこころの病気と大きく異なるところは、上記の症状に対して本人が違和感を抱いていないことが多く、まわりが気づくことが非常に大切になっているという点である。そのため、本人ではなくまわりが日常生活上の困難を抱えることで気づかれる病気でもある。「自分は神の生まれ変わりである」「国中が自分を監視している」というような一般的に理解できない妄想、幻聴を伴った陽性症状からなる急性期を経て、陽性症状が軽減した後に、陰性症状が出現する慢性期へと至る。また統合失調症は服薬治療を中断するなどの治療を受けない期間が発生すると再発の可能性が高い病気であることから、治癒という言葉を用いず寛解という言葉を使う。こうした点からもケアの第一選択は薬物治療である。以前の精神分裂病という言葉のイメージから、「治らない」「コミュニケーションが取れない」というイメージをもたれがちだが、現在では服薬を続けることや、病院のデイケア参加による社会復帰プログラムを受けるなどの再発を防ぐかかわりを続けることで安定した社会生活を送れるようになっている。

②気分障害

　人は生活していれば気分の落ち込みや気分の高揚は誰しもあるが、その程度が強く、また期間が長い場合、さらには眠れない、夜中に起きてしまうなどの睡眠障害などが併発した場合を気分障害という。気分障害は、冒頭の例にあげたうつ病と双極性障害（躁うつ病）とに分けられる。うつ病は、脳内の神経伝達物質のセロトニンとノルアドレナリンが不足することで発症されるとも考えられている。気分の落ち込んだ状態や感情の起伏がなくなるような状態が長く続き、食欲が出ない、もしくは過剰になる、寝つきが悪い、イライラする、倦怠感を感じる、生きる価値がないように感じる、自責感・絶望感が離れない、決断力が低下し考えがまとまらない、朝方気分が重くなり夕方快方に向かう日内変動、生きる価値がないと思い自殺念慮をもつなどの症状が2週間以上続く場合にうつ病と考えられる。近年の中高年の自殺者数の増加の背景にうつ病があるともいわれている。うつ病は気分の落ち込みなどを見たまわりの人々が励

まそうとすることが多いが、本人としては気分の落ち込みをなんとかしようと四苦八苦していることがほとんどであり、励ました場合に、やっぱりできない自分というような自責感からますます落ち込むという悪循環に陥ってしまうことでも知られている。統合失調症同様、薬物治療が有効であるが、認知行動療法をはじめとした心理療法も治療の効果があるとされている。双極性障害は、憂うつで無気力な状態と活動的で高揚した状態とをくり返す症状をもっている。無気力な状態はうつ状態といわれ、うつ病とほぼ同じような状態になり、高揚した状態は躁状態といわれ、まわりの人を傷つけたり、衝動的な行動が増え、また現実離れした行動を取ることがしばしばある。そしてうつ状態の時には、躁状態の時の自分の無責任な行動への自責感からますます辛さが増すという悪循環に陥ることがある。

　また近年、仮面うつ病もしくは新型うつ病といわれる状態がしばしば報告されている。従来のうつ病は生活全般において気分の落ち込みが見られたのに対して、仮面うつ病は精神症状は目立たずに身体症状が顕著に出現し、新型うつ病は仕事などの特定の対象にのみうつ状態になり、それ以外の趣味などの活動は送れるなどの特徴をもっている。こうした状況が、まわりの病気への理解を得にくくし、また診断が難しく治療法も確立していない現状がある。

❸　パーソナリティ障害

　パーソナリティ障害とは、思考、感情、行動が社会が求める平均的イメージから著しく極端に偏った状態をさす。また社会生活を送ることが困難であり、本人ばかりでなく周囲の人々にもその影響が及ぶことの多い障害である。パーソナリティ障害をもつ人は、不安障害や気分障害を併発していることも多い上、自傷行為や他害行為をすることもあり、ケアに際してはさまざまな機関との連携が必要になる。なお、DSM-Vにおいてパーソナリティ障害は以下の3つの群と10種の障害に分類されている。

①A群パーソナリティ障害

　妄想性パーソナリティ障害、シゾイドパーソナリティ障害、失調型パーソナリティ障害の3種のパーソナリティ障害からなる。妄想性パーソナリティ障害は、自分のことを理解されていないという強い信念をもち、他人に対して強い猜疑心をもっており、すぐに自分の性格などを攻撃されたと感じ、怒りの反応を示す特徴がある。シゾイドパーソナリティ障害は、社会的な関係への関心が薄く、孤独を好む傾向にあり、感情が平板で、情緒的に孤立しており、友人がいないなどの特徴がある。一見すると人と接したがらないように見えるが、敏感すぎて人とかかわることが苦痛になってしまうために、この状態が持続してしまうという悪循環が見られる。失調型パーソナリティ障害は、現実的なことよりも空想世界やありえない世界での話題を好み、対人関係が苦手な特徴をもつ。また極端な疑い深さをもち、独特な言語パターンなどももつため、まわりからは奇異な印象を与えることもある。A群パーソナリティ障害においては、他者にとっては奇異で普通ではない行動を示し、統合失調症と似たような症状が出るという特徴を有している。

②B群パーソナリティ障害

　境界性パーソナリティ障害、演技性パーソナリティ障害、自己愛性パーソナリティ障害、反社会性パーソナリティ障害の4種のパーソナリティ障害からなる。境界性パーソナリティ障害は、ボーダーライン・パーソナリティ障害ともいわれ、不安定で激しい対人関係を有し、他者に「見捨てられる」と思い込むのが特徴である。また相手の理想化と脱価値化の両極端のふれ幅があり、まわりを巻き込む対人関係を有している。また自殺企図や自傷行為を行うこともある。演技性パーソナリティ障害は、自分が注目の的であることを強く望み、派手な外見や性的な誘惑をするような行動を示す。また普段の生活態度から大げさで芝居がかった感情表現を行う。自己愛性パーソナリティ障害は、自分自身の重要性を誇大にとらえ、周囲に過剰な賞賛を求める特徴をもっている。しかし、その内面は繊細で自分の弱さに向き合えないゆえに、誇大で過剰な自己像を作り上げなくてはならないというジレンマをもっている。特権意識や、成功

や権力、美しさにとらわれており、他者は利用するものでしかないという思考様式ももち合わせている場合がある。反社会性パーソナリティ障害は、違法行為をくり返し、衝動的、攻撃的な特徴を有している。15歳以前に反社会的な行動をくり返し行っていたなどの行為障害があり、18歳以上であることが診断条件となる。B群パーソナリティ障害は、派手な行動を示し、感情の混乱が激しく、他者を巻き込むことが多いという特徴をもっている。

③C群パーソナリティ障害

　回避性パーソナリティ障害、依存性パーソナリティ障害、強迫性パーソナリティ障害の3種のパーソナリティ障害からなる。回避性パーソナリティ障害は、自分に関係する不安や緊張を強く有しており、批判や拒否を恐れるあまり、対人関係を避ける傾向がある。この傾向は親しい対人関係においても起こり、劣等感や恥をかくこと、馬鹿にされることへのおそれから出てくると考えられている。依存性パーソナリティ障害は、他者への過度の依存を特徴とし、ひとりという孤独に耐えられないという特徴がある。また自分自身に自信がないため、他者の意見に反論できず、また他者の助けなしには何もできないと思い込む傾向がある。強迫性パーソナリティ障害は、融通がきかず、一定の秩序やこだわりを求める傾向があり、この自分の傾向を他者にまで押しつけることが多く、対人関係での問題を抱えがちになる。このC群パーソナリティ障害は、他者に対しての不安や恐怖に基づく行動を示し、他者と関係を結ぶことにも恐怖感を抱き、内向的であることが特徴になる。

　パーソナリティ障害は、人が誰しももっている特徴が極端な形で出現し、かつその特徴が柔軟性に欠け、長期間続き、日常生活に支障をきたす場合に限って診断される。ケアの基本は心理療法が中心となるが、行動が激しいことが多いため、他機関との連携が重要となる。

 器質精神病

　身体疾患の経過中に出現するあらゆる精神障害を総称して、症状精神障害と

呼び、そのなかで脳の病変、脳の機能損傷に起因するものを器質精神病という。意識の混濁を中心としたせん妄やもうろう状態、自分と周囲の状況が理解できず困惑し錯乱するアメンチアなどの状態が主たる症状となり、場合によって被害的な幻聴や、幻覚、躁ないしはうつ状態なども出現する。器質精神病の急性期には、前述の症状が現れ、慢性期になると記憶や現実見当識の低下やパーソナリティ変化が起こってくる。基本的には脳の病変に由来する病気であり、神経心理学的検査やMRIなどによって脳の病変を明らかにしていくことが重要となり、他の精神障害と区別して考える必要がある。

　これまで紹介してきた病気の多くは、精神科、心療内科などの適切な専門機関によって診断され、薬物治療という形で薬による治療が始まる。しかし、なかには薬物治療が効果を示しにくい病気もあり、そうした場合に心理療法が用いられる。その主役となるのが心理職である。心理職自身は診断を行わないが、医師の診断とは別にアセスメント（第Ⅱ部で解説）という見立てを初回面接、心理検査などのさまざまな手法によって行い、みずからの目の前に悩みをもっているクライエントにどのような方法によって援助をすることが最も効果的なのかを検討していく。そのなかには精神分析的心理療法や認知行動療法などの個人療法を行う場合や家族へ家族療法を行いサポート態勢を整える場合、また医師や関係機関と連携を密に行い本人のサポート資源を作っていく場合など多方面からの支援を行うことが求められていく。こころの病気は多種多様であるが、こころの専門家としてこころのケアを行う場合には、その病気ばかりにとらわれることなく、クライエント本人の思いや訴えたいこと、また症状が訴えていることは何かなどをしっかりとした信頼関係のもとに、把握していくことが重要である。

（駒屋　雄高）

第3章
子どもたちの抱える問題

 幼児期・学童期

1. はじめに

　幼児期・学童期は家庭から社会（保育園・幼稚園、小学校）へと生活が移り、子どもにとっては新しい環境への適応が必要になってくる時期でもある。ここでは、幼児期・学童期の子どもたちの抱える問題について主なものを取り上げ、概説する。

2. 幼 児 期

(1) 発 達 障 害

　発達障害者支援法（2004年12月成立、2005年4月施行）は、発達障害について「自閉症、アスペルガー症候群その他の広汎性発達障害、学習障害、注意欠陥・多動性障害その他これに類する脳機能障害があってその症状が通常低年齢において発現するもの」と定義している（図3-1）。発達障害児者は、対人関係を築いたり、他者とコミュニケーションをとることが苦手である。

①広汎性発達障害（PDD：Pervasive Developmental Disorders）

　自閉症、アスペルガー障害のほか、レット障害、小児期崩壊性障害、特定不能の発達障害を含む。自閉症は、3歳までに「言葉の発達の遅れ」「コミュニケーションの障害」「対人関係・社会性の障害」「パターン化した行動、こだわり」などの特徴が出てくる。たとえば、言葉がおうむ返しであったり、視線が合わなかったり、手の平を目の前でくり返しひらひらさせる（常同行動）、日常的な雑音でも嫌がり耳を塞ぐなどの行動が見られる。

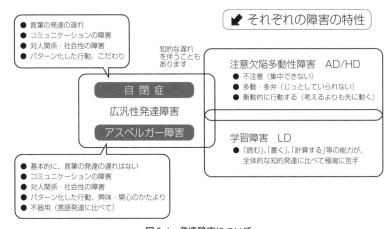

図 3-1 発達障害について

(厚生労働省社会・援護局障害保健福祉部, 2008 より一部改変)

　自閉症には知的に遅れがあるものと遅れがないものがある。自閉症のなかで
も知的に遅れがない場合（概ね IQ70 以上）は、高機能自閉症という。また、そ
の知的に遅れがなく、かつ言語発達にも遅れがない場合をアスペルガー障害と
いう。高機能自閉症やアスペルガー障害を抱える子どもたちは社会的コミュニ
ケーションに困難を示すことが多く、たとえば相手の気持ちを読んだり、言葉
を字義通りにしか受け取れないため、深い人間関係を築くことが苦手である。
なお、DSM-V（2013）では「アスペルガー障害」の分類がなくなり、「自閉ス
ペクトラム（自閉症スペクトラム障害）」（ASD：Autism Spectrum Disorder）に統一さ
れた。「スペクトラム」は「連続体」という意味で、定型発達とあまり変わら
ない方もいれば、重い知的障害のある方もいる。境界は曖昧である。また、自
閉スペクトラム症の中核症状は「社会性、コミュニケーションの障害」と「同
じ行動パターンを繰り返す常同行動と限定的な興味」である。

②注意欠陥・多動性障害（AD/HD：Attention-Deficit/Hyperactivity Disorder）

　注意欠陥・多動性障害は、不注意（集中できない）、多動（じっとしていることが
できない、たえず体が動くなど）、衝動性（順番が守れない、手足がすぐに出てしまうなど）

という3つの特徴をもっており、通常12歳までにいくつかの症状が認められる。これらの特徴は、年齢が上がるにつれ、徐々に特徴が目立たなくなることもある。一方、最近は大人になってから初めて診断されることも増えている。

③学習障害（LD：Learning Disabilities）

知的には正常にもかかわらず、特定の学習能力に障害があることをいう。読字障害（本読みがうまくできず、拾い読みになるなど）、書字表出障害（鏡文字になる、漢字が書けないなど）、算数障害（文章問題ができないなど）がある。なお、DSM-V（2013）では限局性学習症（SLD：Specific Learning Disorder）と呼ぶ。

発達障害の子どもは社会性の発達が不十分であり、コミュニケーションに問題を抱えていることが多いため、保育園や幼稚園、学校など集団生活に入るとさまざまな困難にぶつかることが多い。周囲のおとなが、安心感が得られるように子どもに寄り添った声かけをしたり、視覚的手がかりを使ったり、具体的指示を与えることにより、見通しをもてるようにすること、また気持ちを代弁するなどをし、自己肯定感が保たれるようにすることが大切である。適切な支援を得ることができないと、いじめやからかいの対象となったり、不登校や家庭内暴力など二次障害につながることもある。早期に発見し、療育機関につなげることが大切である。気になる場合には、早めに市町村の母子保健担当窓口や発達障害者支援センターに相談するとよい。発達障害者支援センター等でペアレント・プログラム（子育てを難しく感じている親に子どもの行動について理解し、対応方法を学ぶことで子育てに自信が持てるようになる、全6回の集団プログラム）を行っていることも増えてきている。

(2) 児童虐待

児童虐待防止法（2000）第2条では児童虐待について定義されており、身体的虐待（殴る、蹴る、首を絞める、火傷させるなど）、性的虐待（性器を見せる、性交する、ポルノ雑誌を見せるなど）、ネグレクト（食事を与えない、病気を放置、子どもの世話をしないなど）、心理的虐待（暴言をはいたり脅す、無視、きょうだい間差別、面前DVなど）の4つに分類されている。

厚生労働省の発表によると、全国の児童相談所における2018年度（平成30

年度）児童虐待相談対応件数は 15 万 9,850 件（速報値）と過去最多であり、児童虐待防止法施行前の 1999 年度児童虐待相談対応件数 1 万 1,631 件に比べ約13.7 倍に増加している。児童虐待の種類別では心理的虐待が最も多く、次いで身体的虐待が多い。虐待による死亡事例については年間おおむね 60 〜 70 例（70〜 80 人）で推移し、死亡事例は 0 歳児が最も多く、5 割を占める。これは親への抵抗ができにくい年齢であるからである。虐待を行っている者の約 50 〜60％は実母、約 30％は実父である。三世代家族が減り、核家族化が進み、母親に育児の負担が増えていることや地域のつながりが減り、とくに都市部では孤立化が顕著になっていることも大きな要因であるものと思われる。

　児童虐待は早期発見・早期対応が不可欠である。通告は子どもを守るだけでなく親に支援を届けるもの（親を罰するものではない）としての対応、家族再統合を目指していくことが大切である。また、地域の子育て支援活動と連携した取り組みや「虐待は社会全体の問題である」という意識を国民がもつこと、貧困、孤立を防ぐための社会全体での体制づくりも必要である。また、虐待を受けた子どものこころへの影響として、反応性愛着障害、PTSD（心的外傷後ストレス障害）等を引き起こすことも多く、こころのケアが重要である。

(3) 反応性愛着障害

　乳幼児は母親など主な養育者から離れると、不安になり、母親などに近づき安心・安全感を得ようとする。これは自然な行動であり、愛着行動といわれている。母親などとの交流のなかで不安や恐怖をなだめて、安心・安全感が得られる。しかし、愛着が形成されていなければ、不安や恐怖を感じた時に自分自身を安心させることができない。つまり、母親など主な養育者つまり愛着対象が存在しない場合や愛着対象は存在するものの虐待など不適切な養育環境下に置かれた子どもは、安心・安全を獲得することが困難であり、情緒的・精神的に発達を阻害される。

　反応性愛着障害とは、乳幼児期において、子どもの情緒的欲求の持続的無視や身体的欲求の無視、養育者がくり返し変わったりすることや虐待など不適切な養育を受け、養育者との安定した愛着関係を絶たれたことで引き起こされる

障害である。反応性愛着障害は、とても警戒的で近寄ろうとしない「抑制型」と初対面の人にも馴れ馴れしく接近してべたべたする「脱抑制型（無差別的愛着ともいう）」に大別される。

反応性愛着障害の子どもについてはまずは適切な養育環境の提供（状況に応じて母子分離し、子どもは児童福祉施設などで養育）が必要であり、その後は家族再統合に向けての乳幼児-親心理療法、家族療法的なアプローチを行う（8章参照）。

(4) 情 緒 障 害

情緒障害とは、分離不安、緘黙（かんもく）、不登校、抜毛、チック、家庭内暴力などの問題行動をもつ子どもを指す。心理的援助の対象となる。親子関係、家族関係の問題が症状として出てきていることも多くある。また、幼稚園や学校での友だち関係や教師との関係から葛藤が生じてきている場合もある。

3. 学 童 期

(1) 不登校といじめ

文部科学省は不登校について「何らかの心理的、情緒的、身体的、あるいは社会的要因・背景により、登校しないあるいはしたくてもできない状況にあるため年間30日以上欠席した者のうち、病気や経済的な理由による者を除いたもの」と定義している。文部科学省によると、2018年度の小・中学校における不登校児童生徒数は約16万4,528人で、不登校児童生徒の割合は1.7%である。また、不登校のうち、90日以上欠席している者の割合は約4割おり、長期化している。過去には登校拒否という言葉も多く使われていたが、行きたくても行けない状態であり、「拒否」しているわけではないということから、最近では不登校という言葉が一般的である。

不登校は1960年代の高度経済成長の時期から社会的に注目されるようになった。当初は小学校低学年の場合は「母子分離不安」や、小学校高学年以上の場合は「優等生の息切れ」と思われる子どもが多かったが、昨今では問題は多様化・複雑化しており、原因特定も難しいことも多い。なぜなら、子どものパーソナリティ、遺伝的要因、生育歴と発達課題、家族関係、学校での人間関係な

どさまざまの要因が絡んでいるからである。また、怠学との区別もつきにくくなっている。不登校は誰にでも起こりうるといわれている。

　また、不登校に関連して、1980年代頃よりいじめも社会的な問題になっている。ふざけ、冗談から始まることもあるが、仲間外れ、無視、恐喝、性加害などの犯罪に至るまで幅が広い。最近は陰険化しており、携帯電話やインターネットを使うなど、周りから見えにくくなっている。いじめられる子どもにとっては恥ずかしくて周囲のおとなにSOSを出しにくく、また、「チクった」といわれたり、仕返しされることが怖くて口に出せない状況がある。いじめられている子どもはいじめを受けた結果、自己肯定感が低下し、自分が悪いのだと思い込んだり、絶望的になったりして、死を選ぶ場合もある。このような最悪の事態を招かないためにも、周囲のおとな（教師、親など）との常日頃からのコミュニケーションが重要になってくる。

　たとえば子どもがいじめられていることを語った時、「勇気を出して言ってくれてありがとう」という感謝の言葉をかけ「必ず守る」と伝えることで、その子どもは「言って良かった」という安心感を得る。いじめに関しても不登校同様、誰にでも起こりうる。また、いじめる側がいじめているつもりでなくても、いじめられている側がいじめとして認識していれば、それはいじめである。いじめには、いじめる者、いじめられている者、傍観者がいるといわれている。見て見ぬふりをしている傍観者もいじめに加担しているという意識を子どもにもたせていくことも重要である。また、いじめられていた者が後にいじめる者に転じることやその逆もある。そしていじめる子どもは家庭で不遇な扱い（虐待等）を受けていたり、なんらかのストレスを抱えていることも多い。教師など周りのおとながどんなことからいじめに至ったのか、冷静に話をよく聴くことが大切である。いじめに関してスクールカウンセラー等心理職は学校教職員、スクールソーシャルワーカー、スクールロイヤー等と連携し、対応していく。

　学校、教室という集団の場ではいじめはなくすことは難しい。しかしながら、少しでも減らしていけるように予防教育は必要である。たとえば、スクールカウンセラーがストレス・マネジメント（ストレスを知り、どのようにストレスをコン

トロールしていくか学ぶ）を取り入れたり、いじめに関するロールプレイを行い、相手の気持ちを知るなどのいじめ予防教育を授業で行うことも必要であろう。最近では弁護士が学校で法教育（ルール、人権など）を行うことがあり、これもいじめ予防教育のひとつである。また日常の学校教育のなかで「いのちの大切さ」を教えていくことも必要である。しかし、子どもの自殺があった後の全校集会で校長が「いのちを大切に」と呼びかけるのは「自殺した子はいのちを大切にしなかった悪い子」という誤解を招く可能性もある。

　昨今、いじめによると思われる自殺が後を絶たない。このことから、子どもの自殺について、第三者委員会を設置する（外部の有識者から構成される委員がいじめの有無など検証する）ことも増えてきている。

(2) 非　　　行

　非行とは、未成年の社会的規範から逸脱した行為を指すのが一般的である。少年法では非行少年について、犯罪少年（14歳以上20歳未満で罪を犯した少年）、触法少年（14歳未満で刑罰法令にふれる行為をした少年）、ぐ犯少年（20歳未満で無断外泊、不純異性交遊など不良行状があり、将来罪を犯し、刑罰法令にふれるおそれのある少年）の3つに分類している。

　非行については、環境因によるものが大きいといわれている。かつては、貧困など経済的に恵まれていない家庭が多いのではないかといわれていた。しかし、現在は中流以上で両親がそろっているが、家庭に暖かさや情緒的交流がなかったり、児童虐待があるなど基本的信頼感が欠けている家庭、また、適切な支援を受けられなかった発達障害の子どもが二次障害として非行に至る場合など拡がりを見せている。非行は、低年齢化しており、小学生も増えている。

　児童相談所が継続指導を行ったり、児童自立支援施設などに入所措置したり、児童相談所から家庭裁判所に送致する場合もある。非行の問題は家族だけではなく、学校、地域の人、専門家などが連携して対応していく必要がある。規則正しい生活を送ること、自分を大切に受け入れること、親など主な養育者との基本的信頼感の確立ができるようにしていくことなど人間の土台となる部分が大切であると思われる。　　　　　　　　　　　　　　　　　　　（平野　聖枝）

② 思春期・青年期

1. 青年期前期（思春期）

　青年期は、子どもからおとなへと移行していく過渡期である。とくに、第二次性徴が始まる青年期の前期を思春期とも呼び、急激な身体の変化とともに、親とのかかわりの変化や対人関係の変化など、心理的な問題もさまざまな形で浮上してくる。まずは身体的成熟とともに自身の性をどのように受け入れていくかを問われるようになり、湧きあがる性衝動に対してとまどいを感じたり過度に統制しようと試みたりする。このことにより、周囲のものを汚いと感じ何度もくり返し手を洗う強迫症状や、食物を摂取することへの激しい嫌悪という拒食状態につながっていくケースもある。また、他人に映る自分の目を敏感に意識するようになり、容姿や体型などの外見に過剰にとらわれてしまいやすい。他者に自分の存在そのものを否定されることへの不安が高まり、集団のなかで孤立したり、他者に同調しすぎて自分を見失ったりしてしまうような状態に陥ってしまうこともある。そのため、人と会うのが怖いという社会恐怖や外見を必要以上にネガティブにとらえて思い悩む身体醜形障害も起こりやすくなってくる（小俣，2007）。さらに、自分の体臭が他者に不快を与えているのではないかと過剰に気に病む自己臭恐怖という症状にもつながっていく。

　また、認知的な発達も進み、ものごとをさまざまな観点から相対的にとらえることが可能になり、親との関係も変わってくる。これまで正しいと思っていた親や教師の価値観が絶対的なものではなく、しばしば矛盾をもつものであることがわかり、親の価値の引き下げやおとな社会への反発心が生じてくる。この時期は「自分は何者であるか、何になりたいか」を問う自我同一性（アイデンティティー）の確立が大きな課題であり、特定の集団や他者に同一化することでこころの安定を図ろうとする。時には実現不可能と思えるような夢を抱きつつ、理想と現実とのギャップを感じ不安に揺れ動きながら、同世代の仲間と不安を分かち合い、励まし合いながら徐々に他の誰でもない自分を作り上げる。

　この時期は、拒食や過食を伴う摂食障害（滝川，2004）、自分の手首をカッター

やナイフで切るリストカットや薬物濫用などの自傷行為、他者との交流を避けて自室に閉じこもってしまうひきこもりや不登校などがこころの問題として起こりやすい。そして、社会への反発心が高じて非行や触法行為につながるケースもある。また、試験前などの緊張場面になるとおなかが痛くなり下痢をしてしまうと訴える過敏性腸症候群や、残尿感が消えずに何度もトイレに駆け込んでしまう神経性頻尿、そのほか頭痛や吐気、微熱などの身体症状を訴える場合も多い。自分の感情や内的な葛藤を十分に言語化することが難しい年代では、行動や身体症状という形でこころの問題が表れやすい。たとえば、リストカットなどの自傷行為の背景にある気持ちは、「死にたい」「自分を罰したい」という自分を否定する気持ちや、「辛さをわかってほしい」「辛さから逃れたい」「生きている実感が欲しい」というさまざまな思いが入り混じっており、とても複雑である（小俣, 2003）。摂食障害でみられるやせ願望の奥に、内的な欲動の高まりから来る不安を過度に統制しようとする心理機制や、成熟しておとなに変わっていくことへの恐怖心が潜んでいることが多い。青年期に起こりやすいこころの問題については、表3-1 に示す。

　援助する上での留意点として大切なことは、こころを開くことに対する抵抗の気持ちを理解し、コミュニケーション能力が未発達であることへの配慮を行う。そして、親世代の批判に対しても真摯な態度で接するように心がける。また、相手の心情を理解しつつも客観的な視点を常に失わず、彼らが自立して生きていくための社会ルールや忍耐力も身につけてもらうように促していく。その際には、矛盾し合うこころの状態を受け止め、依存と自立の葛藤を理解していくことが重要である。

表3-1　思春期・青年期に起こりやすいこころの問題

身体化	過敏性腸症候群、神経性頻尿、片頭痛、発熱、脱毛、吐気
行動化	自傷行為（リストカット・抜毛）、他罰行為（暴力・盗み）、摂食障害（過食・拒食）
強迫化	強迫性障害、身体醜形障害、自己臭恐怖、視線恐怖
内閉化	不登校、ひきこもり、アパシー、社会不安障害（対人恐怖症）

2．青年期後期

　パートナーを探すこと、すなわち社会人あるいは家庭人として現実的で具体的な生活設計を立てて「親密性」を獲得していくことが課題となっていく。経済的にも親からの自立を始め、他者との親密な関係を通して、あらたに職業生活や家庭生活を築き上げていく。こうした課題をうまく乗り越えられないと周囲から孤立してしまう。学生であれば、本来の学問の目的を見失いアパシー（無気力状態）となり、留年や退学をしたりするようになる。心理的モラトリアムといって社会に出るまでの猶予期間を先延ばししていつまでも卒業できない青年もいる（9章3節の「学生相談センター」参照）。あるいは、社会環境に不適応となり、うつ状態になったり、アルコールや薬物、ギャンブルなどの嗜癖などの問題を呈するようになっていくこともある。また、自我同一性が拡散した状態にある若者は、自分が本当に信じられる他者を探し求め、たびたび依存する対象を変えて安定した人間関係が築きにくくなる。あるいは、特定の場に長くとどまることができずに、転職をくり返すようになる。なかには、宗教的なカルト組織に勧誘され、その教義を信奉して家族との関係や日常生活を絶ってしまうようなケースもあり、周囲が注意をしておく必要がある。青年期後期の問題として、社会生活場面になかなか出られないひきこもりやニート、さらには親元から離れられず経済的に自立が困難なパラサイト・シングルという状態があげられている。成人期に向けてどのように生きていくのか、価値観の確立を問われることになる。

　この時期はおとなへの入り口であり、どのように社会に貢献できるのか、次世代に何を伝えられるのかが重要なテーマとなる。自分がやりたい理想と実際に実現可能なこととのすり合わせを行い、他者との関係のなかで自己実現を行っていくという人生において非常に大切なプロセスをふんでいく。友人や家族、恋人、同僚、上司、恩師、さまざまな重要な他者との出会いとふれ合いを通じて、生きる充実感や自分の人生を謳歌していくことの喜びを味わっていくと同時に、覚悟と責任感を培っていくことが重要になってくる。20歳を過ぎると社会的には一人前のおとなとして扱われ、自己責任が求められてくる。このこ

とを誇りとしてとらえ懸命になるか、負担や圧力と感じ回避的になるかが、その後の人生を大きく左右することとなる。

　この年代の人々に接する際には、社会生活に適応していくことへの不安を十分に理解すること、将来への人生設計という時間軸を見通していけるようなかかわりが重要である。また、信頼できる友人や仲間を作れるように、円滑なコミュニケーションを築く方法を一緒に模索していくことが必要になってくる。

　何よりも彼らの抱く夢や希望を共有し、それが社会や他者との関係のなかでどこまで受け入れられるかということをともに考え悩み抜いていくことが、こころの専門家に真に求められる姿勢である。謙虚でかつ、柔軟に、さまざまな生き方を受容していく、そうした寛容さを忘れないように肝に銘じておきたい。

（小俣　和義）

第4章
おとなたちの抱える問題

 ## 成 人 期

1. 成人期の考え方

　成人期を一般的に考えるならば、個人が社会から一人前として認められて以降の時期ということになるであろう。ただ、「人がいつ成人になるのか」についての答えを出すことは簡単なことではない。なぜなら、社会や時代の要請に応じて、「成人期」の定義は変わるからである。ましてや、法律的に規定しようとしても、個人や社会が求める内容や年齢などとの間で違いが生じ、一致しないことが起こることになる。ここでは、成人期の発達課題について、ハヴィガーストとエリクソンの理論についてみていくことにする。

　ハヴィガースト（R. J. Havighurst, 1900-1991）は、生涯発達の観点から、発達課題を6段階に分け、そのなかで壮年初期と中年期について論じているが、この2つの時期が成人期にあてはまると考えられる。壮年期初期の課題としてあげているのが、「配偶者の選択」「配偶者との生活を学ぶこと」「子どもを産み育てること」「家庭を守り、維持させること」「就労すること」「社会人として一市民の責任をまっとうすること」「自分に適した社会集団を見つけること」などである。さらに、中年期の課題として、「おとなとして市民的・社会的責任の達成を行うこと」「社会生活を送るための経済的一定水準を獲得し、維持すること」「児童期・青年期の人たちが、誰からも信頼され、幸福なおとなになれるように援助すること」「仕事以外の余暇活動の充実を図ること」「配偶者との信頼に裏づけられた人間的結びつきを作ること」「中年期の身体的・生理的変化を受け入れ、適応していくこと」「老年期を生きている親の面倒を見てい

くこと」などを示している。ハヴィガーストがいうところの成人期とは、扶養されていた家族からの自立を図り、仕事につき、結婚を通して新しい家族の形成と、家族内での価値のある役割を担うことである。

　一方、エリクソン（E. H. Erikson, 1902-1994）は、ライフサイクルのなかで、それぞれの発達段階における特有の心理社会的危機（psycho-social crisis）を克服していくことが発達課題だと考えた。成人期は成人初期の「親密性と孤立」と中年期の「生殖性（世代性）と沈滞（自己陶酔）」、さらには、老年期の「統合性と絶望」の３つの課題が相当することになる。

　成人期初期の「親密性と孤立」の課題とは、青年期に形成した同一性をもとに、愛することを通して他者のうちに自己を見出すことで、充足と喜びを手に入れることである。一方、このような実り豊かな時期を経験できないと、孤立感や剥奪感の問題に悩まされることになる。

　中年期の「生殖性（世代性）と沈滞（自己陶酔）」の課題における、「生殖性」の意味するものは、ただ単に子孫を生み出すということ（procreativity）に限定されるものではなく、生産性（productivity）や創造性（creativity）を含んだものとしてとらえられており、新しい存在や新しい観念を生み出すことを意味している。この生殖性の課題に失敗すると、自己への固執が起こり、成長を停滞させる退行が生ずると考えられている。

2．おとなになることの意味

　現代社会は、子どもとおとなの境目が曖昧であることから、多くの人がおとなになることに対して、個人的にも社会的にも混乱と悩みを抱えて生きていると考えられる。未開社会などでは、成人式の通過儀礼（イニシエーション）がはっきりと提示され、子どもとおとなの違いは明確になっている。通過儀礼とは、個人が成長を通して、ひとつの段階から別の段階への移行を可能にするための儀式といえる。

　男性にとって、おとなになるための必要条件のひとつとして、母親から心理的に自立することができるかどうかがあげられる。ほとんどの人は、子ども時

代を母親の庇護のもと、安全で安心できる生活を送っている。この安全と安心は、子どもが成長するためになくてはならないものである。しかし、おとなになるためには、それまで作り上げてきた母親との強い結びつきを断たなければならないのである。この母親との分離は、大きな苦痛を伴うものであり、心理的「死」の体験として受け止められることになる。たとえば、日本の昔話の「一寸法師」で、鬼が一寸法師をおなかのなかに飲み込み、一寸法師におなかのなかで暴れられることで、吐き出す場面がそれにあたるだろう。そして、鬼が落としていった打出の小槌で青年に変身した一寸法師は、娘と結婚し幸せに暮らすことになる。つまり、一寸法師が鬼に飲み込まれて、「死」の体験を味わい成人として再生するといったことに象徴的に表現されていると考えることができるのである。

　女性の場合は身体的変化や他者との情緒的な関係を通して、おとなとしての自分を獲得していくことになる。初潮が始まることで、妊娠や出産の準備ができ上がるのである。そして、他者を慈しみ、包み込むという成熟した女性性を獲得していく。このように変化のプロセスをとらえていくと、一人ひとりに与えられる個人的で自然な現象と見ることができなくもないのである。

3．現代社会でおとなになること

　河合（1994）は、「制度としてのイニシエーション儀式を現代社会は失ってしまったとしながらも、個人的な死と再生の体験を通して、人はおとなになるためのイニシエーション儀式を行っている」と考えている。その特徴は、儀式が1回で終了しないことであり、くり返しイニシエーション的状況と取り組みながら、おとなになっていくと見ることができる。大きな課題と直面し、それを乗り越えたと思っても、次の課題が待っていることになる。いつ終わるともわからない、おとなになるための多くのイニシエーション的課題が、成人期には待ち受けていることになるのである。その一つひとつについて見ていくことにする。

4．成人期に抱える課題

　成人期初期では身体的成長を遂げ、自分の世界を広げていくことで、社会的存在になっていく。それが、中年期では、体力の衰えや、精神的活力の停滞を感じるようになる。そして、人生という時間が有限であることに気づかされることで、今まで考えもしなかった悩みや葛藤が顕在化してくることになる。それは、家庭における、家族関係や親子関係の変化を通してもたらされることが多いのである。

⑴　家族関係・親子関係・夫婦関係

　新しい家族は夫婦関係を形成するところから始まる。そして、子どもが生まれることにより、家族員の数を増やしていくことになる。子どもの成長を通して、家族の関係も変化を遂げ、親が中年期になると、子育てがひと段落し、子どもは自立のために家を離れていくことになる。家族員の減少が起こり、親は子育てという役割を終えることになる。このような流れが順調に進めばよいのであるが、現実は常に葛藤を抱えながら適切なバランスを取っていかなければならないのである。この状況に問題が生じると、家族は危機的状況に陥ることになる。家族員相互の関係は情緒的関係であり、愛憎が表裏一体の位置にあることから、家族員に一度危機的状況が起こると葛藤が顕在化しやすくなる。ただ、家族にとっての危機は、すべてマイナスかというとそうではない。的確な対応により家族員が結びつきを強め、家族全体が成長するというプラスの面ももち合わせているのである。

　家族のなかで親子関係に目を移すと、親子の分離・自立の問題が重くのしかかってくる。親子は血縁関係の絆で結ばれており、お互いに選ぶことのできない運命的関係である。このため、子どもの自立を促そうとして関係を切ろうとしても、親子関係は絶対的な結びつきを形成しているため、なかなか切れないことによる問題が表出してくることになる。下手をすると、無理にでも切ろうとして「親殺しや子殺し」が起こることにつながってしまう。

　一方、夫婦は血のつながらない意志の関係で成り立っている。いくら赤い糸で結ばれているといわれても、お互いをお互いが選んだのである。強い夫婦関

係を築くためには、今まで所属していた原家族における親子関係の絆を切らなくてはならないことになる。結婚式に着る白無垢の意味するものとして、女性は娘としての「象徴的死」を経験しなければならないのである。さらに、子どもが巣立った後、夫婦２人だけが残されることになる。「空の巣（empty nest）症候群」などにならないためにも、夫婦としての絆を再度確認し、強めていくことが求められるのである。

(2) 職場のストレス

　成人期は仕事の上でも、重要な立場で、責任ある仕事を担っており、中間管理職といわれる役職に就き、日々上司と部下の狭間で調整を図っていることが多いと考えられる。この時期の心身の状況を見ていくと、身体面では今まで自信をもっていた体力に陰りが生じ、無理が効かなくなる。また、成人病をはじめ体に変調を認める時期でもある。女性に至っては、更年期障害からくる心身の変化に対応しなくてはいけなくなる。このように、身体面の変化とどうかかわり、適応を図っていくかが重要な課題となるのである。

　一方心理面では、長年の習慣化した生活への充実感や幸福感が低下していくことになる。とくに男性の場合、仕事に逃避し、家族団欒の楽しみ事が疎遠になり、家庭での居場所がなくなるということが起きやすくなる。また、両親の病気や死に直面し、その対応に追われることになる。このようなストレス状況下でうつ病を発症したり、心身症に苛まれたりすることになる。また、ストレスから逃れようとしてアルコール依存症や、職場不適応などの反応を出しやすくなる。

(3) 自　　殺

　今日本では、年間２万人もの人がみずから命を絶っているという、深刻な状況が起きている。自殺の原因として、過労や多重債務、介護疲れ、社会に対す不信感など、さまざまな社会問題に追い詰められ、生きる道を閉ざされた形で、自殺で亡くなっている。自殺を行う人に共通する要素はいくつか明らかにされている。チャイルズ（John A. Chiles）とストローサル（Kirk D. Strosahl）らは、自殺行動に及ぶ前の共通要素として、日常生活の内的あるいは外的出来事や世の

中の景気によって、強烈な否定的感情状態が引き起こされ、逃走や感情の回避などの対応が強烈な苦悩に耐えられない状況に追い込まれていることをあげている（2008）。

　このように、成人期は家庭でも仕事においても、人生のストレスに遭遇しやすい時期といえる。夫婦間の別居や離婚の問題にさらされたり、親との死別、経済的問題、リストラによる失業を味わったり、社会的ネットワークの変化に巻き込まれたりする。また、日常生活でも対人関係の葛藤を経験したり、日常的な役割が果たせないという出来事に悩まされたりする。このような問題が、一過性のものですぐに終わるものであれば、自殺にまで至ることはまれなことであろう。ところが、自殺をする人は、感情的なあるいは身体的な苦痛が、耐えがたく、逃れられなく、果てしなく続くと思い、自殺を選択するのである。

　このような成人期の問題に対応するための手段としては、悩んでいる人の絶望感を否定することなく、人間の苦悩という問題に真剣に向き合っている姿勢を承認していくことである。その上で、自己観察の方法を一緒に考えていくことになる。そこで、あらたな思考や感情に気づき、価値や意義のある人生を生きるために必要なことを実行できるようにしていくのである。言葉を変えれば、苦悩している人の、今までの生き方に影響を与えたと思われるストーリーを認識し、影響を受けとめ、あらたなストーリーを作り直すことで、行動の柔軟性を高め、それを応用できるように、近くにいて援助していくことになる。成人期にあるおとなたちは、いくつもの人生の試練を乗り越えてきている。その経験から得た強さと耐える力を信頼しながら、かかわり続けることが何よりも必要である。ハヴィガーストやエリクソンが述べているように、成人期の課題と取り組み、越えていくことで、人生の統合に向かっていくのである。

（渡部　純夫）

② 老 年 期

1. 老年期の悩みを学ぶ前に

　大学生を対象とした講義の場で、「寝たきりのお年寄りになるのと、認知症のお年寄りになるのと、どちらがいいですか?」と質問したことがある。その結果、過半数の学生が「認知症のお年寄りになること」を選択した。「いろいろ自分の状況が理解できるのに動けないのはつらい。認知症になってわからないほうが幸せだと思う」という理由が最も多かった。

　この答えには、実に多くの老年期に対する誤解が含まれている。第一に、認知症になると何もわからなくなるわけではない。認知症の初期には、もの忘れに悩み、「このままわからなくなるのだろうか」という不安を訴える人が非常に多い。認知機能の障害が進行すると、自分がいったい誰なのか、どこにいるのかもわからない生活となることもある。その不安感は高く、攻撃や徘徊などさまざまな行動となって日常生活に支障をきたす。「わからなくて幸せ」という生活とは、ほど遠いといえよう。

　第二に、寝たきりのお年寄りには生きがいもなく、必ず不幸だというわけではない。寝たきりである状況をあるがままに受け入れ、趣味の俳句を作り、今の自分を表現する活動に取り組んでいる人もいる。話すことに障害がある人でも、好きな音楽には興味を示し、孫に会うことを楽しみにしているなど、何かしら自分なりに楽しみを見出している場合もある。「寝たきりだから」という状況だけで、その人の思いを勝手に判断することはできない。

　高齢者の悩みは、状況によって規定されるのではなく、人それぞれ異なっている。援助する際は、後述の老年期の特徴をふまえた上で、対象となる高齢者の個人的な問題と丁寧に向き合っていってほしい。「認知症だから」「配偶者と死別した人だから」といったステレオタイプ的な理解から離れて、その人自身の体験に寄り添っていくことが重要である。

2．老年期の特徴

(1) 老年期は最も個性的

さまざまなライフイベントを経て、人は老年期を迎える。経てきた年月が長いぶん、それぞれが体験してきた人生は、その内容も、その時に感じた感情も実に多様であり、まさに「人生いろいろ」といえる。たとえば、仕事や家族とどうかかわってきたのかによっても、健康状態によっても人物像は大きく異なってくる。一概に「老年期だからこんな人」と言うことはできないのである。

高齢者のライフヒストリーを聴いていると、それぞれにドラマがあり、生き抜いてきたその人のありようが胸に迫ってくる。そのなかに、援助のヒントが隠されていることも多い。障害により多くを語ることが困難になったとしても、家族などから情報を得ながら、人生全体に関心を向けていくことが高齢者を援助する際に重要である。

(2) 変化への適応が求められる

老年期は「喪失期」とも表現される。老化や疾病による身体的変化、定年退職による生活の変化、配偶者や同年代の仲間との死別、社会的な役割の変化などへの適応が求められる。これらの喪失にうまく適応しながら、幸福な老年期を迎える過程を、老年心理学ではサクセスフル・エイジング（Successful Aging）と呼んでいる。しかし、「喪失体験」が与える影響は、それを受け止める個人のパーソナリティや対処能力によって異なり、大きな心理的問題と結びつく事例も多い。

(3) 病気や老化と心理的問題の関係が密になる

身体的な疾病や身体機能の加齢による変化と相互に関連し合いながら心理的問題を呈することが、老年期の大きな特徴のひとつである。

脳の病的変化による認知症、脳血管の障害や骨関節障害などにより、日常生活が不自由になることも多い。自立できない挫折感や家族へ迷惑をかける気苦労、場合によっては療養施設に入所となり、住み慣れた環境から離れるストレスにもさらされる。抑うつ状態に陥る事例もあり、その場合は専門的な援助が必要とされる。

また、「耳が遠くなる」ことで自信を失い家族との会話が億劫になる、「老眼がすすんだ」「白内障になった」など視力の衰えが原因で今まで通りに趣味が楽しめなくなり、ぼんやり過ごすことが多くなるなど、加齢による身体機能の変化も生活全般に影響を与える。

老年期に多い精神疾患のひとつとされる「老年期うつ病」による食欲低下・活動性低下の影響は、状況によっては身体機能の悪化を招くといったように、こころの状態が身体に与える影響も大きい。高齢者のこころのケアに携わる時は、心理面と身体面の双方に常に気を配りながら、必要に応じて医療機関と連携しながらかかわる姿勢が必要とされる。

3．認知症の高齢者へのこころのケア

⑴　認知症とは

認知症とは、一度獲得された知的機能が、脳の器質性障害によって持続的に低下し、それによって社会生活や日常生活が阻害される状態のことをいう。その原因疾患は 70 種類以上にも及ぶが、最も多いのは、脳の神経細胞がゆっくりと死んでいき脳の働きを悪くする変性疾患を伴う認知症であり、アルツハイマー型認知症、レビー小体型認知症、前頭・側頭型認知症が代表的である。続いて多いのは、脳梗塞、脳出血などのため神経細胞が死ぬ、あるいは神経細胞をつなぐネットワーク機能が壊れてしまう脳血管性認知症である。

認知症のなかで最も多いのがアルツハイマー型であり、全体の約 50％を占める。続いて、レビー小体型が約 20％、3 番目が脳血管性で約 15％と推計され、「三大認知症」といわれている（小阪，2012）。

脳血管性の場合は、脳の損傷部位によっては障害を受けずに保持されている能力があるため、その能力を発揮するようなケアを行うことが対象者の自尊心を保つ助けとなる。レビー小体型には、かなり明確な幻視が見られるため、配慮が必要となる。

いずれにしても、初期の的確な診断は認知症の進行をゆるやかにする治療につながり、早期に本人・家族の支援をスタートすることを可能にする。

表4-1　三大認知症のそれぞれの特徴

	レビー小体型認知症	アルツハイマー型認知症	脳血管性認知症
男女比	男性に多い	女性に多い	男性に多い
初期の症状	幻視、妄想、うつ	もの忘れ	もの忘れ
特徴的な症状	パーキンソン症状　幻視　認知の変動　睡眠時の異常行動　認知障害	認知障害　物盗られ妄想　徘徊　まとまりのない話　意味のない作業	認知障害　手足のしびれ　麻痺　せん妄　感情の制御困難
経　過	ゆるやかに進行する（経過が速い場合あり）	ゆるやかに進行する	段階的に進行する
脳の変化	海馬の委縮が少ない	海馬の委縮がみられる	梗塞などがみられる

(小阪，2009)

　うつ病と初期の認知症は症状が似ている面もあるため、混同されることが多い。もの忘れなどの仮性認知症状により周囲が「認知症になった」と勝手に判断することは、精神疾患であるうつ病の治療を遠ざけることになってしまうため、注意が必要とされる。

(2)　認知症の症状と、その背景にある認知症高齢者の心理

　脳の細胞の障害によって直接的に起こる認知障害には、記憶障害、見当識障害、実行機能障害などがあり、中核症状と呼ばれる。

　脳の障害に起因し、そこに環境、人間関係、本来のパーソナリティなどが影響して起こる症状には、不安、焦燥、抑うつなどの感情障害、徘徊、攻撃性、暴力などの行動障害があり、BPSD（Behavioral and Psychological Symptoms of Dementia）と呼ばれている。

　BPSDは、その背景にある認知症高齢者の心理を推測し、対応を工夫することで軽減されることも多く、こころのケアの実践も数多く行われている（8章6節参照）。代表的なBPSDのひとつである徘徊の理由は、不安でじっとしていられなくて歩き回る、家に帰ろうとしている、道に迷っている、出社時間だから出かけたなど、さまざまである。行動の理由を推測し、それに基づいて対応

していくことが大切である。

４．おわりに

　あるアルツハイマー型認知症の人に、「何か文章を書いてください」と紙と
鉛筆を渡したところ、その人が「バカの私は大嫌い」と書いたことがあった。
失っていく力に自信をなくし、不安でいっぱいな気持ちにふれるとともに、ど
のような援助が自分にできるのか、問われるような気持ちになった。

　高齢者はどの年代よりも「死」に近く、死のテーマと対峙しながら生きてい
く時期でもある。また、援助者にとっても時間は限られていると、多くの死を
看取ってきて切実に感じている。

　老年期の悩みの特徴や注意点について述べてきたが、最終的には、一人ひと
りと向き合い、必要とされる援助を模索していくことしかできないのではない
のだろうか。そのための知識と技術を得る努力が、援助者には求められている。

（川瀬　里加子）

心理臨床を学ぶ上での心構え

　臨床心理学について皆さんはどんなイメージをおもちであろうか。人のこころを解き明かし、性格や行動を言い当て、悩みを抱える人を導いていく学問と思っている方もいるであろう。たしかにそういう側面もある。第Ⅰ部で見てきたように、臨床心理学には歴史があり、精神的な疾患や、各世代のこころの問題の特徴も明らかにされてきている。それらの特徴は、臨床心理学的支援をするにあたり非常に役立つものではあるが、人のこころの一端でしかなく、すべてではない。支援を行う者が最初に気をつけなければならないところが、そこであると思う。臨床心理学をいくら学んでも、人のこころについてわかることなんて、ほんの少しなのである。しかし、そのほんの少しは間違いなく援助の足がかりになる。

　心理臨床活動についてはいかがであろうか。きれいな面接室やプレイルームで、暗く沈んだクライエントを相手に心理面接やプレイセラピーを行い、クライエントの成長を噛みしめ、感謝され、充実した一日が過ぎていく。そんなイメージをおもちではないだろうか。もちろんそういう臨床活動の場もあるのだが、そうではないこともある。暴れまわる子に唾を吐きかけられながらセラピーを行い、髪を引っ張られ、蹴られ、殴られることもある。おとなの心理面接では、罵倒されたり、暴力の危険にさらされたり、脅されたりもする。学校では教職員から仲間はずれにされ、保護者には能力がないと批判される。そんな現場も山ほどあるのである。初学者である皆さんがことさらに困難な現場を意識する必要はないが、そういう現場に出会った時に、公認心理師、臨床心理士という仕事に幻滅しない程度に頭の片隅に置いておいていただきたい現実である。

　さて、私が学部・大学院時代に学んでいた心理療法は臨床動作法である。主に脳性まひ児（者）、発達障害児に対する動作法を行っていた。体育会のクラブに属しながらの不真面目な学生であったが、それでも月１回の月例訓練会と年１回の一週間キャンプだけは行き続けた。もっとも、動作法を学ぶためというよりは、クラブのつらい練習を公に休めるから、という不純な気持ちもあったのであるが……。信頼できる先生と優しい先輩がたくさんいて、ただ楽しかったという部分も大いにあった。理由はどうあれ、動作法の場は、私に心理臨床の基礎を叩き込んでくれた。見立ての仕方や、クライエントとやり取りをするというのはどういうことか、枠の大切さ、臨機応変に対応する力、集団を動かす術とその効果など、そこで学んだすべてが今の私の臨床活

動の根底をなしている。

　その後もずっと動作法を学び続けている。私はいくつものことを器用にできるタイプではない。だからこそ、動作法をずっと続けてみた。すると、動作法のなかでいろいろなものが見えてきた。その後、就職して他技法を学ぶ同僚と出会い語り合うなかで、見方の違いや用語の違いこそあれ、ほかの技法でもクライエントについて同じものを見ているということを知った。こんな私の経験から、初学者の皆さんには、自分に合う技法が何かをいろいろと探してみることも大事ではあるが、とにかくひとつのことをじっくりと学んでみることも考えてみていただきたいと思う。

　初学者の皆さんのこころにとどめておいていただきたいことを、もうひとつ述べておきたい。人のこころの特徴がわかってくると、一般的に考えればおかしいと判断されるようなクライエントの言動も、過剰に理解して受け入れてしまうことがある。そして、クライエントの側に立って、理解してくれない周囲の人に怒りを感じてしまったりする。これがいわゆる"巻き込まれている"という状態なのであるが、そうならないためにも、日頃から「世間一般の常識的感覚」を身につけておくことが大事である。そのためには、心理学の勉強ではなく、アルバイトやサークル活動、ボランティア活動など、一般的な社会集団での経験・体験が役立つであろう。クライエントの言葉は、それはそれで尊重しつつ、おかしいものはおかしいと判断できる自分のなかの基準をしっかりと養っていただきたい。学生時代に学業に身を入れていなかった私の経験からのオススメである。

（五十嵐　徹）

学びのポイント　＜第Ⅰ部＞

・社会生活のさまざまな場面における基本的なマナーを身につける。
・コミュニケーション能力を向上させる。
・臨床心理学の基本的な知識や歴史を学び、倫理観を養う。
・現代社会に起こっているこころの問題について関心をもつ。
・各年代における心理的課題や危機を知る。

第5章

こころを見つめること

 こころの問題に対する見立ての基本

1. 相手を知ること

　初対面の人と出会った時に、「相手はどんな人だろう」「仲良くなれそうかな」「話が合うかな」など相手のことをあれこれと考えることはないだろうか。他者との関係における見立てを行うことで、今後の関係構築のためのおおまかな見通しがついてくる。そして、関係が続くにつれて、「親しくなっても大丈夫かな」「自分にとって害はないか」「自分に頼りすぎていないか」と相手の性格や態度に基づいてお互いの関係性について思いを巡らしていく。相手を理解しようとする際に、まずその人の年齢や性別、容姿や態度、行動などの情報を汲み取っていく。そして、声のトーンや応答のタイミング、話の合間に見せるちょっとしたしぐさなどにも注意を払う。そのことによって、その人のもっている個性や特徴をつかみ、円滑なコミュニケーションに結びつけようと試みる。こうした見立てを心理臨床の領域では心理的アセスメント（心理査定）ともいう。

　こころのケアを行う際には、この心理的アセスメントが非常に重要である。なぜならクライエントが抱えるこころの問題の内容や深さ、さらには相手の性格や予測される行動パターンを把握しないまま、心理的介入を行うとさまざまな危険をはらんでくるからである。たとえば、相手が言葉にできないほどの深いこころの傷を抱えているのに、そこに安易にふれてしまうことにより、より問題や症状が悪化する場合がある。また、自分のことを客観的にふり返る力が弱いクライエントに対して、強く内省を促すようなかかわりを行うと過剰なストレスがかかり、問題解決が長引いてしまうことにつながる。これらの状況が

起きずより効果的なこころのケアを行うためには、とにかく目の前の相手が抱えている問題と求めていること（ニーズ）を十分に把握することである。何に困っているのか、どんな状態にいるのかを十分に知ることが不可欠である。その上で相手の性格傾向や行動パターン、理解力や適応力を見立て、手立てを施していく。

　これは、家族あるいはクラス、職場などの組織などを見立てる時も同様である。家族のコミュニケーションのパターンや学校や職場の人間関係の特徴、さらには誰が責任者であるのか、パワーバランスはどのようになっているのかなど、心理臨床を実践する際には個人だけではなく、組織全体を俯瞰してとらえ、アセスメントしていく能力を身につけることが必要となってくる。

2．確かめることと修正すること

　まず見立てができたら確かめることである。相手のしぐさや態度で「きっと……と考えているのだろう」と推測したら、相手に尋ねてみることである。セラピストはけっして万能ではないので、見立てが誤っていた場合、そのまま進めていくと状況が悪化してしまうことになる。心理学の研究ではまず問題に沿って仮説を立て、実験や調査、観察等によって検証していく作業を行うのであるが、基本的にはそれと同じプロセスである。仮説が誤っていたら、それを修正して再度確かめていく。心理臨床の実践でも同様に、見立てを吟味して違っていたらすぐに修正し、再度検証を行っていくことが大切である。クライエントはなぜそのような問題が生じたのか、問題が解決せずに続いているのはなぜか、改善を促すためにはどのような介入が必要か、解決に向かうためにはどのような介入が必要かといった点に関して仮説を立てることがアセスメントである。アセスメントのなかで精神医学的診断とは、アメリカ精神医学会が作成したDSMや世界保健機構（WHO）が作成したICDなどの客観的な指標を基準に疾病を分類したものであり、こころの問題を病気としてとらえ、薬物療法をはじめとする治療へとつなげていくことを指すものである。なお、この見立てをより正確に行うために、次節以降に紹介する面接法、観察法、心理検査法がある。

3．心理検査のなりたちと理論

　心理検査は19世紀末にはじめて、キャッテル（J. Cattell, 1860-1944）により「精神検査（Mental test）」という言葉が用いられた。また、20世紀初頭の1905年ビネー（A. Binet, 1857-1911）が知能検査法を創案して以来、急速に精神測定の機運が高まり、さまざまな検査法に発展していった。投映法検査では、ロールシャッハ・テストが1921年にスイスの精神医学者ロールシャッハ（H. Rorschach, 1884-1922）によって考案され、『精神診断学』という著作で公刊され、TAT（主題統覚検査）が1935年にマレーとモーガンによって「空想研究法」として発表されて以来、幅広く展開していった。質問紙法検査では、1940年のMMPIの成功が質問紙法の発展に寄与し、6章で紹介されるような各種検査法へとつながり、現在もアセスメントツールとして有効活用されている。なお、心理検査法には、知能検査、パーソナリティ検査、神経心理学的検査、適性検査、興味検査、記銘力検査など、さまざまなものがある。また、パーソナリティ検査には、質問紙法や投映法などがあり、それぞれの特徴を表5-1に示している。それぞれの長所として、質問紙法では、①集団での実施が容易である、②比較的短時間で実施、採点ができる、③検査者の主観が入りにくい、④検査者の熟練をあまり要さないなどがある。投映法では、①被検者が反応を歪曲しにくい、②被検者の知的能力に依存しづらい、③比較的無意識的、多面的な情報

表 5-1　質問紙法と投映法の特徴

	質 問 紙 法	投 映 法
検査の意図	伝わりやすいので、反応の歪曲が起こる。	伝わりにくいため、歪曲しにくい。
反応の自由度	低い。多くは決まった答えを選ぶ。	高い。さまざまな反応が可能。
検査時間	比較的短い。	比較的長い。
測定の範囲	意識的レベルのもの。	より無意識的・多面的な情報が得られる。
知的能力	言語能力に依存する。	依存しづらい。
実施対象	集団での実施がしやすい。	集団での実施が困難。
結果の分析	より客観的な判定が可能。	検査者の主観が入りやすい。
採点や解釈	比較的容易であり、短時間で行える。	熟練を要し、時間がかかる。

を得られる、④検査を通してより自由な表出が可能であることなどがあげられる。なお、検査によってこれらの特徴の程度は異なる。

　心理臨床現場における専門的な見立てでは、妥当性や信頼性が保証され、標準化が施された心理検査を用いる。妥当性とはその検査が測定しようとしているものを間違いなく測定していることであり、信頼性とはその検査の測定した値に変動がなく一貫性と正確さをもっていることである。実践現場においてより客観的で正確な情報を得るためには、この双方が備わっている必要がある。

4. 心理検査を実施する際の基本姿勢

　まずは、被検者の利益のために行われるものでなければならない。すなわち、実践現場で行われる検査は、被検者を知るために有効なものであり、セラピーに役立つものである必要があり、かつ被検者に不要な負担をかけないように配慮されなければならない。さらに、検査実施の目的を十分に説明し、「自分の内面をあばかれるのではないか」といった過度の警戒心を和らげていくことが重要である。そして、検査を受ける際に被検者が安心できるような環境づくりを行うなど、実施する際の留意点（表5-2）をしっかりと頭に入れて実施する。また、より多角的なアセスメントを行うために、複数の心理検査を用いること（テストバッテリー）が有効になってくる（6章で解説）。その際には、各検査法の

表 5-2　心理検査を実施する上での留意点

① 検査法を熟知し正確な手順で教示を行う。 　検査の実施法を学ぶ。検査の熟達には、経験の積み重ねが必要である。
② 被検者の心身の状態を考慮する。 　検査を行う時間帯や被検者の年齢、体調にも気を配る。抑うつ気分が激しい場合には、被検者の負担を考え実施時期を延長することも必要である。
③ 刺激の少ない適当な環境下で実施する。 　騒音が避けられる適当な広さの部屋で、余計な装飾がないことが望ましい。
④ 被検者の緊張を和らげ信頼関係を作る。 　検査に対する過度な不安や警戒心をもっている場合がある。被検者が自由な自己表出をしやすいような雰囲気作りをこころがける。
⑤ 検査中の被検者の行動や態度をよく観察する。 　検査に対して協力的か拒否的か、課題によっての気分の変動はないかなど、検査中の態度や行動、言語表現などを丁寧に記録していく。

特徴を把握しておくことが大切である。そして、検査者はみずからも被検者体験をしておくことが望ましい。どんなに簡単と思われるテストでも、実際に受ける際に湧き起こってくる緊張や不安を体験することが重要である。このため、研修の際には相互に心理検査を実施し合うようなことを通じて学習を積んでいく。所見を書く際には、実際に出てきたデータを的確にふまえた上で、その被検者の全体像を把握し、被検者にとって有益な所見を作成することが求められる。また、所見は所属機関の他職種のスタッフでもわかるような表現でわかりやすく簡潔に記述する必要がある。フィードバック（6章参照）する際には、被検者が受け止めやすいように表現し、かつ今後のプラスになるように理解しやすい言葉を用いていくことが大切である。くれぐれも検査結果の数値だけをひとり歩きさせないように注意をしなければならない。そして、心理検査での体験が被検者にとって不利益にならないように倫理的な配慮を行う責務がある。

（小俣　和義）

アセスメントの方法

1．面　接　法

　心理的アセスメントとは、クライエントのことを総合的に把握し、評価することを指しており、こころの悩みや問題を解決する糸口を見つける作業でもある。心理アセスメントの方法にはいくつかの方法があり、心理検査法とならび面接法はその中心となる方法である。とくに面接法のなかでも、はじめて相談に来たクライエントと行う面接法をインテーク面接（初回面接）といい、心理的アセスメントにおいて非常に重要な面接法となる。

(1)　インテーク面接の流れ

　まず相談に来たクライエントの基礎的な情報を把握することから始まる。事前の予約がなければ、性別や年齢、外見、住まい、申し込み用紙の字体など、クライエントの行っているすべての行動が相手を知るための手がかりとなる。また受付用紙に書かれたこころの悩みはどのようなものなのか、具体的なのか、

抽象的なのか、自分のことなのか、家族のことなのか、そうした事前の情報を
ある程度頭に入れ、インテーク面接に臨むことになる。インテーク面接は基本
的にはセラピストとクライエントが１対１で話をすることから始まる。クライ
エントにとっては、自分自身の悩みを初対面の人間に話すわけであり、当然緊
張や警戒心を抱く。セラピストとしては、そうした感情をもつことは当然のこ
とであり、それを緩和し、話しやすい環境を作り出すことにつとめるとともに、
そうした緊張や警戒心がどのような質のものであるのかについても把握する必
要がある。多くのインテークでは「まずあなたが話したいことについて自由に
話してください」とクライエントに話をしてもらうことから始まる。これは相
談したいクライエントの思いをまず汲むというメッセージであるとともに、「自
由に」「話して」という相矛盾する状況にクライエントを置いた際に、クライ
エントがどう自分自身の内的な話をするのかを見るための設定でもある。また
相談当初からセラピストに解決策を求めるなどのクライエントの依存心をやん
わりとかわす目的も有している。そして、インテーク面接において話を聞いて
いくなかではクライエントのもつこころの悩み、問題の明確化を図っていく。
「夫との関係がうまくいかないんです」という悩みを語り始めたクライエント
が話をするうちに自分自身の性格についての悩みを語り出すことはしばしば見
られることである。つまり当初の訴えから、いかにしてクライエントのこころ
のなかにある本当の悩みや問題を見つけることができるのか、また語り始めて
もらうのか、ということがインテーク面接では重要となる。その後、こころの
悩みに加えて、クライエント本人の生い立ちや家族などの話を聞き、クライエ
ントの悩みが、何から由来しているのかということをさまざまな角度から仮説
を立て、具体的な心理療法へとつなげていくための足がかりを作っていくこと
が重要である。

⑵　インテーク面接におけるポイント

　相手を知るには、相手に話してもらうことが一番の方法である。しかし、初
対面の人間に自分自身の内面を正直に話すことは勇気が必要である。またセラ
ピスト自身がクライエントに信頼してもらう必要がある。そのためには、「あ

なたのこういう悩みについて、こういう方法でケアが可能である」という具体的な話や、セラピストが行う質問の意図を説明するなど、クライエントが話しやすい環境を整え、ラポール（信頼感）や治療同盟といわれる関係性を築く必要性がある。そして、クライエントの悩みに対して、価値判断をせず、そのクライエントの主観的に感じている思いを受け止めることで、クライエントに「話してよかった」と思われる体験がインテーク面接には重要となってくる。具体的には、丁寧な導入やクライエントの語りに対するあいづちなどの反応、わからない部分の詳細を尋ねる質問、感情面や情緒面などに焦点を当てる質問、また今まで聞いていた流れと違う流れを作る場面転換、さらには沈黙を利用し、クライエントへの内省を促すかかわりを行う。また解釈的な質問などは、クライエントの世界をともに探索していくこととなる。インテーク面接は基本的にはクライエントのもつ情報や資源を把握するために行うが、情報収集を行いながらもクライエントとの関係性をしっかりと作っていくことが、次のステップである心理療法へとつなげる際にも大切になってくる。また話の内容をしっかりと把握し、吟味するだけではなく、クライエントの態度や表情、服装などの情報も心理的アセスメントの際には重要となる。こころの悩みとは、こころだけではなく服装や態度といった現実の生活場面へも影響していることがしばしばあり、仮に話す内容に心配な様子がなくとも服装の変化や乱れなどから、生活面の変化やこころの変化をアセスメントしていくことが重要である。一方でセラピストの方も、服装や態度などが、クライエントから同様にアセスメントされていることも忘れてはならない。

2．観　察　法

　面接法、心理検査法と並び、心理アセスメントのもうひとつの方法が観察法である。観察法とは、ある一定の状況下にクライエントを置き、その状況をセラピストが観察し、クライエントの情報を収集する方法の総称である。面接法と異なり、1対1だけではなく複数の対象者を観察可能である。対象者は乳幼児から高齢者、また障害や問題の程度にも影響されることなく広範囲で適用で

きる方法である。観察する状況の違いにより自然観察法、実験観察法に分類され、さらには観察者の立場の違いで関与観察法、観察的観察法に分類される。

(1) 自然観察法

　クライエントの日常生活を観察する方法である。多くは保育や学校現場において取り入れられている方法である。たとえば発達障害が疑われる児童の学習状況を観察し、どのような学習状況、科目などによって、教室での不適応的態度が発生するかなどを観察し、その児童にとって適切なケアの方法を考えていくために自然観察法が用いられる。実際には、対象者が話す内容や態度などの細かな部分をしっかりと観察し問題や悩みが何から生じているのかをアセスメントしていく。また対象者の発達状況や環境などの要因を事前に把握してから臨む必要がある。

(2) 実験観察法

　あらかじめ設定した状況、環境下におけるクライエントの行動を観察する方法である。自然観察法が特定の状況下というよりも一般的な状況下での観察であるのに対して、実験観察法は観察するための状況を設定することなどが異なってくる。先の例のように発達障害が疑われる児童が、体育などの特定の授業において他の児童に対して暴力を振るうといった場合に、スクールカウンセラーなどの臨床心理士が観察可能な時間帯に体育の授業を移動し、半ば実験的にその状況を作り出すことによって、クライエントの行動面をアセスメントする場合などに用いられる。また実験観察法としては、エインズワース (M. Ainsworth, 1913-1999) らが考案したストレンジ・シチュエーション法 (Strange Situation Procedure) が有名であり、これは乳幼児が親との分離の後に見知らぬおとなやその後の親との再会時にどのような対応をするかによってアタッチメントの評点をする観察法である。

　自然観察法、実験観察法ともにクライエントに直接働きかけることが少ないため、クライエントの負担は少ないが、集められる情報が環境依存的であり、かつクライエントのプライベートな情報が入手しにくく、観察者の記録に頼るため客観性に欠けるなどの欠点をもっている。そのため、同時もしくは時間を

置いて面接法を実施するなどの補完的な方法を用いることで心理アセスメントの精度を高める必要がある。たとえば、子どもの多動傾向で悩む母親の相談を面接法で聴きつつ、隣のプレイルームで遊んでいる対象児の様子を観察法でアセスメントするなどの方法をとることで、こうした問題を解決するようつとめる必要がある。また観察されている対象者は同時に観察しているセラピスト側を見ていることを理解しておく必要がある。そのため観察している状況が実際に「自然」の状況なのかどうか、という点は考慮に入れておく必要があり、また観察者、対象者ともに、その存在に影響をうけ合っているということを理解し、心理的アセスメント行う必要がある。

(3)　関与観察法

観察者と対象者の双方向性を考慮した観察法が関与観察法である。この観察法は自然観察法であれ実験観察法であれ、アセスメントをしている心理職が、対象者のいるその環境にみずからも身を置き、対象者とかかわりながら、情報を収集していく方法である。そのため心理職がもつ仮説を確かめるようなかかわりや、クライエントの対人関係のもちようを直に確認することができるという利点がある。その一方で、クライエントにとっては突然見知らぬ人間が登場することになり、警戒した結果、普段の様子を見せることはなく、適切なアセスメント情報を収集しにくいというデメリットももつ。関与観察法は、単に対象者の行動面だけではなく、対象者と交流をした心理職の感情や、対象者の行動を受けての自身の行動も情報の一部となり、ある程度の経験が必要となる方法である。

(4)　観察的観察法

観察的観察法とは、関与観察法と逆の立場を取る方法であり、自然観察法や実験観察法における対象者に与える観察者の影響を極力排除する方法である。具体的には one way mirror といった一方向のみ鏡になっているガラス窓を利用し、隣の部屋にいる対象者の言動を観察する方法や、対象者の行動を事前に撮ったビデオなどを通して観察する方法である。観察者の存在を感じさせないため、対象者の自然の行動を観察できるというメリットがある。一方で観察し

ているという状況を秘さないといけない状況を生み出すため、状況に応じての柔軟な対応ができないというデメリットがあり、実施するにあたっては慎重になる必要がある。

　状況とかかわり方の違いによって観察法を分類し説明したが、実際に心理的アセスメントに際して観察法を用いる場合には、単なる情報収集ではなく、ある仮説なり目的なりに沿った行動の観察が必要になってくる。また観察する際には、その行動を分析できる発達理論や教育理論などを把握しておく必要や、対象者の語りではなく観察者の記述によって構成されているものであるため、観察者自身が、どのような観察スタイルで臨んでおり、それがどれほど対象者に影響を与えたのかなどの「観察自我」を有している必要がある。

（駒屋　雄高）

第6章

心理検査の使い方

　心理検査は検査を受ける人、つまり被検者の積極的な取り組みが必要である。被検者が十分に力を発揮できるように、検査場所の準備、検査の必要性を説明し信頼関係を形成するなど検査実施までの準備も重要である。もちろん、検査者が各検査の特徴を理解し、検査手続きに習熟した上で実施すべきことはいうまでもない。

1 発 達 検 査

　子どもの発達には想定されるラインがある。生後半年になれば、多くの子どもは寝返りを打つようになり、1歳頃には指差しが見られる。発達検査とは、あらかじめ設定された基準との比較によって、対象となる子どもの心身の発達が年齢相応の段階にあるかを測定する方法である。

　津守式乳幼児精神発達診断法では子どもの現状を養育者に面接して判定する。そのため特別な用具を必要とせず、その日の子どもの体調や検査時の緊張に左右されないという特徴がある。対象は0歳から7歳まで、〈運動〉〈探索・操作〉〈社会〉〈食事・排泄・生活習慣〉〈理解・言語〉の5領域にわたる質問項目が設定されている。質問項目について○△×で評価し、各領域の得点を折れ線グラフで示した発達輪郭表を作成する。本法では原則として発達指数を換算しない。養育者に面接する方法は、ほかにもTK式・発達状況アセスメントや、1歳から13歳までを対象とするS-M社会生活能力検査などがある。

　新版K式発達検査も課題を与えて評価する検査である。検査項目は〈姿勢─運動〉〈認知─適応〉〈言語─社会〉の3領域が年齢順に並べられている。図

6-1はコップのひとつに隠した子犬を見つける「3個のコップ」の課題で、物の永続性と注意の持続を見る項目である。本検査には大小さまざまな用具があり、1歳以降の課題については、子どもの興味を持続させるよう順序は決められていない。3領域それぞれと全領域について発達年齢（DA：Developmental Age）、発達指数（DQ：Developmental Quotient）を換算することが可能である。改訂された新版K式発達検査（2001年版）では乳幼児期にこの検査で判定を受けた人がその後も継続的に受検できるように、対象が成人まで拡大されている。

　発達面のアセスメントでは、検査場面において対象者に課題を与えるのではなく、保護者や家族、また、施設等の職員など対象者を良く知る人から情報を聴き取る方法で評定を行う検査も実施される。PARS-TR　親面接式自閉スペクトラム症評定尺度テキスト改訂版（Parent-interview ASD Rating Scale-Text Revision）では、評定者が幼児期、児童期、思春期・成人期を通して症状が最も顕著な時の様子を聞き取り判定する。

また、Vineland-Ⅱ適応行動尺度では、障害の有無を問わず対象者（0歳から92歳）のコミュニケーション、日常生活スキル、社会性、運動スキルの4つの領域が測定され、適応行動総合点が算出される。

　実際に対象者に課題を与える方法と周囲の人から聞き取る方法では、それぞれに長所・短所がある。検査を見学した母親が「家ではできるのですが」と話す場合も少なくない。検査場面での緊張から普段のパフォーマンスができないのかもしれないが、検査場面で確実にできるほど身についていないともいえる。そ

図6-1　「3個のコップ」の課題

して、現在できないことが今後できるようになる可能性もある。特に子どもを対象とした発達検査は、"現在"の"検査場面"での状態を把握しているということに留意しなくてはいけない。

② 知 能 検 査

　知能検査を学ぶにあたり、知能について改めて考えてみたい。歴史をふり返ると、知能は知的活動に共通に働く一般因子と個々の知的活動のみに特有な特殊因子からなるとする二因子説、いくつかの基本的因子で構成されるとする多因子説、さらに CHC 理論などの理論は現在の知能検査にも大きな影響を与えている。

1．ビネー式知能検査

　フランスのビネー（A. Binet, 1857-1911）らにより考案された知能検査は、その後アメリカでも開発され、日本ではスタンフォード・ビネー式知能検査をもとに田中ビネー知能検査が作成された。この検査は一般知能を測定するものであるため、被検者の基礎的な能力を把握することに優れ、知的発達をトータルにとらえることが可能である。また、1歳から成人までを対象としており、幼児の問題には子どもの関心を惹きつける多くの用具が準備され、成人を対象にした問題は抽象語やマトリクスなどから構成されている。2003年版の田中ビネー知能検査Ⅴは、各年齢で正答が期待される問題が配列されており、14歳未満までは被検者が何歳の問題まで正答したのかをもとに精神年齢（MA：Mental Age）が換算される。そして精神年齢と生活年齢（CA：Chronological Age）の比により知能指数（IQ：Intelligence Quotient）が算出される。14歳以降では能力の分化が進み年齢の枠組みでとらえきれなくなるため、結晶性知能、流動性知能、記憶、論理推理の4因子から分析し、知能指数には偏差知能指数（DIQ：Deviation Intelligence Quotient）が採用されている。

2．ウェクスラー式知能検査

一方、ウェクスラー（D. Wechsler, 1896-1981）は知能が質的に異なる知的能力から構成されていると考えて、成人用ウェクスラー知能検査（WAIS：Wechsler Adult Intelligence Scale）、児童用ウェクスラー知能検査（WISC：Wechsler Intelligence Scale for Children）、幼児用ウェクスラー知能検査（WPPSI：Wechsler Preschool and Primary Scale of Intelligence）を発表した。ウェクスラー式検査は偏差知能指数で示され、〈単語〉や〈類似〉の下位検査からなる言語性IQ と〈絵画完成〉や〈符号〉などからなる動作性IQ、全検査IQ が算出された。60 年以上の歴史のなかで何度も改訂され、2019 年の時点では日本版は WPPIS-Ⅲ、WISC-Ⅳ、WAIS-Ⅳ が中心となっている。

2010 年版の WISC-Ⅳ（対象：5 歳 0 ヵ月〜16 歳 11 ヵ月）は 15 の下位検査から構成され、全体的な指標となる全検査IQ と言語理解指標、知覚推理指標、ワーキングメモリー指標、処理速度指標の 4 つの指標得点を算出する（図 6-2）。指標間の差を求めるディスクレパンシーの分析、個人内の強い能力と弱い能力の

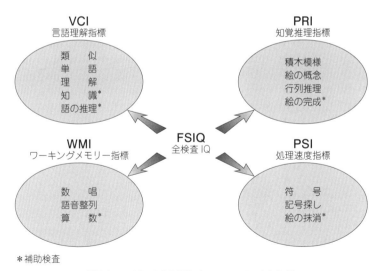

図 6-2　WISC-Ⅳの枠組み（Wechsler, 2010 より作成）

判定、7つのプロセス分析を通して被検者の知的側面を総合的にアセスメントすることが可能である。指標の関係性から得られる情報は豊富で、さまざまな知的発達の問題に対応するための資料となり、臨床的にも利用頻度が高い検査である。

3. KABC-Ⅱ

　さらにKABC-Ⅱ（Kaufman Assessment Battery for Children Second Edition）は、情報を認知的に処理する過程を知能と考え、情報を一つずつ時間的、系列的に処理する継時処理過程、一度に複数の情報を統合して全体的なまとまりとして処理する同時処理過程に分けて測定する検査である。その他にも認知尺度として学習尺度、計画尺度が含まれ、認知処理過程を通してこれまでに子どもが環境から獲得した知識や技能の程度を示す習得尺度の双方から評価を行う。適用年齢は2歳6ヵ月から18歳11ヵ月であり、子どもの学習指導方針を決定する時などに活用されている。

　知能検査には、ほかにも言語性と非言語性の2種類がある田中式集団検査、グッドイナフによる人物画知能検査（DAM：Draw-a-Man Test）、ITPA言語学習能力診断検査など多くの種類がある。いずれの検査においても、検査で得られる数値はあくまでもその検査によって測定された数値にすぎず、数値を絶対視しないように注意が必要である。ビネー式やウェクスラー式の偏差知能指数では平均が100になるように作成されているが、90〜109であれば平均範囲と解釈される。被検者にフィードバックする際には誤解のないように、その検査が測っている能力は何か、数値はどのように理解すべきかを丁寧に説明する。被検者や家族が予想している以上に低い数値が出た場合などはとくに注意を要し、そのことが与える影響にも配慮しなければならない。

❸　パーソナリティ検査

　いろいろな悩みの背景に、発達や知的な問題があるケースもあれば、パーソ

ナリティの問題が大きく関与していることもある。パーソナリティ検査を通じてその人の思考や感情、認知、行動などを把握することは、臨床心理学的な援助の基盤である。パーソナリティ検査は大きく質問紙法と作業検査法、投映法に分類される。

1. 質問紙法

　質問紙法とは、あらかじめ用意された質問に被検者みずからが回答する方法である。たとえば被検者が「人と一緒に行動することが好きだ」という質問に対して「はい・いいえ・どちらでもない」から選択する。複数の回答を数量化し、被検者の特性が他者と比較して高いのか、低いのか、あるいは平均的なのかを判定する。5 章でも述べられているように、質問紙法の特徴は結果の整理が簡便で統計的な基準に基づく客観的な判定ができることである。しかし質問の意図を推察しやすいため、もし被検者が自分を「よく見せたい」と思えば、そのように回答を歪めることもできる。質問紙法で示されるのは被検者が意識している自分、見せようとしている自分といえるだろう。

　代表的な質問紙法検査である矢田部ギルフォード性格検査法（Y-G 性格検査法）は、アメリカのギルフォード検査をモデルに矢田部達郎（1893-1958）が考案したものである。抑うつ性、回帰性傾向、劣等感、神経質、客観性、協調性、攻撃性、一般活動性、のんきさ、思考的外向、支配性、社会的外向の下位尺度ごとに 10 問計 120 問の質問項目からなり、検査用紙の「はい・いいえ・どちらでもない」に○印をつけて回答する。各尺度は得点分布をもとに標準得点やパーセンタイル順位が読み取れるようになっている。さらに 12 尺度のプロフィールから、〈平均型〉〈不安定積極型〉〈安定消極型〉〈安定積極型〉〈不安定消極型〉の 5 つの類型に判定、パーソナリティを把握することができる。検査用紙は、小学生用、中学生用、高校生用、一般用が準備され、病院や福祉施設、学校や企業でも利用されている。

　パーソナリティのどの側面を知りたいのかによって、質問紙法にもさまざまな種類が考案されている。現在市販されている検査には、パーソナリティを神

経症傾向、外向性、開放性、調和性、誠実性の５因子から見る NEO-PI-R 人格検査（Revised NEO Personality Inventory）、こころのなかに親、おとな、子どもの３つの自我状態を仮定する交流分析理論に対応した新版 TEG Ⅲ（Tokyo University Egogram New Ver. Ⅲ）、ラザルスのストレス対処理論に基づき認知的・情動的ストラテジーと計画型・対決型・社会的支援模索型・責任受容型・自己コントロール型・逃避型・離隔型・肯定評価型の８つの対処型プロフィールを作成するストレス・コーピング・インベントリー（SCI：Stress Coping Inventory）などがある。ほかにも、その人の置かれた条件のもとで変化する一時的な気分・感情を測定する POMS2（Profile of Mood States 2nd Edition）は、過去１週間の緊張-不安・抑うつ-落込み・怒り-敵意・活気・疲労・混乱・友好の７つの気分を測定できる。

　さらに医療の現場で利用される検査には、身体的項目と精神的項目から構成される CMI 健康調査表（Cornell Medical Index）がある。この検査では、心身両面にわたる広範囲な自覚症状が調べられるとともに、深町（1951）により神経症判別基準が作成されている。GHQ60（The General Health Questionnaire）も精神神経症状の有無を鑑別しスクリーニングする検査である。

　ミネソタ多面性格検査（MMPI：Minnesota Multiphasic Personality Inventory）は精神医学的の診断を目的に作成されたが、結果的にはパーソナリティの検査として発展した。診断に直接つながることはないものの、心気症や抑うつ、ヒステリー、パラノイアなどの精神病理や性度、社会的内向性を反映した 10 個の臨床尺度からは多面的なパーソナリティの記述が可能となる。また、MMPI の特徴は、故意に自分を好ましく見せたり、でたらめに答えるといった偏った受検態度をチェックする４つの妥当性尺度がはじめて導入されたことである。そのため、自己批判的になっているのか、良く見せようという態度があるのかなどの検査態度を確認した上で、臨床尺度の特徴を解釈できる。検査は合計 550 の質問項目について「あてはまる・あてはまらない」で回答を求め、尺度の粗点は標準得点（T得点）に換算される。個々の尺度の解釈だけでなく、プロフィール全体のパターンやT得点の高い順に２個ないし３個の尺度を並べたコー

ド・タイプに重点を置いて解釈がなされる。

　一方で、被検者の不安や抑うつに特化した検査も作成されている。新版STAI（State-Trait Anxiety Inventory）では、その時に置かれた条件で変化する一時的な〈状態不安〉と、比較的安定した個人の性格傾向である〈特性不安〉がそれぞれ20項目から測定される。社交不安障害の過去一ヵ月間の重症度を測定する社交不安障害検査（Social Anxiety Disorder Scale）も開発され、治療効果の判定にも利用されている。

　うつ性自己評価尺度（SDS：Self-rating Depression Scale）は20項目の4段階評定による方式、ベック抑うつ質問票（BDI-Ⅱ：Beck Depression Inventory-Second Edition）は4段階評定であるが、それぞれの項目ごとに4段階に対応した文章が例示されており、自分の気持ちに合うものを選択する方式である。どちらも抑うつ症状の重症度を短時間で評価することが可能である。

2．作業検査法

　作業をすることでパーソナリティがわかるのか、と思うかもしれない。しかし皿洗いの作業を想像してみよう。丁寧に汚れを落とすが時間のかかる人と、スピードは早いが洗い方の雑な人はパーソナリティが異なるといえば合点がいくのではないだろうか。

　代表的な作業検査である内田クレペリン検査は、横幅約60センチの紙に1桁の数字がたくさん印刷されている。被検者は横に並んでいる2つの数字を加算し、その答えを書き込んでいく。このような作業を検査者の合図に従って1分間ごとに行を替え、前半15分、5分の休憩を挟んで後半15分行う検査である。被検者は加算作業のなかででたらめな回答をしたり、あきらめることはあっても、望ましい方向に歪曲することは難しい。

　結果は全体の作業量と作業曲線（各行の最後に計算された数字を線で結んで作成される）から〈定型〉と〈非定型〉に分類して解釈を行う。この検査では、〈定型〉に比べてどのような偏りが見られるかといった視点から、知的な側面や作業の処理能力、変化への対応力、情緒の安定性などについて明らかにすること

ができる。内田クレペリン検査は検査用紙があれば特別な用具は必要ではなく、検査の実施そのものは簡単である。しかしながら、〈非定型〉にはさまざまなパターンがあり、判定には検査者の熟練を要する。

3．投　映　法

　投映法は曖昧な刺激に対する被検者の反応からパーソナリティを測定する方法である。曖昧な刺激をどのように受け取り反応するのか、そこには被検者の意識的あるいは無意識的な欲求、感情や態度などの個人的特徴が映し出される。投映法のなかでもそれぞれの検査によって、言語的・非言語的といった刺激の種類が異なり、言葉を記入する、口頭で述べる、絵を描くなど反応の仕方も異なる（表6-1）。ここでは代表的な投映法を紹介する。

　①**文章完成法テスト（SCT：Sentence Completion Test）**：文章完成法テストは文章の最初に単語ないし未完成の短文を刺激として与え、そこから連想したことを続けて記入して文章を完成させる検査である。記入された内容だけでなく、誤字脱字や表現力からは知的な側面、また筆跡や文章量は情緒的安定性や精神

表6-1　投映法の検査構造

		ロ・テスト	TAT	描画法	SCT	P-F
刺激素材の特性		非言語刺激			言語刺激	
		無意味なインクのしみ	人物後半曖昧	白紙	単語と和文	具体的状況
検査状況	施行場所	検査室			検査室とは限らない	
	反応形式	口頭で述べる		絵を描く	文章を書く	台詞
	検査者関係	自由／質問	原則として自由・少し質問有り		教示だけで1人で記入	
	対人関係	質問段階多	＞	中位	＞	少ない
	時間	測定される			測定されない	
被験者の反応コントロール		困難	比較的可能	困難	可能	

注）表内の"被験者"は原文表記のまま　　　　（深津，2004　慶應義塾大学医学部精神神経科心理研究室）

活動の様子を理解することも可能である。

　たとえば「私の毎日は」に続ける文章としては何が思い浮かぶだろうか。「楽しい」という感情面の記述もあれば、「大学に行くこと、アルバイトをすること」のような具体的事柄の記述もあり、そこには被検者の個性が表れる。60の刺激文が用意されている精研式文章完成法テスト（高校・成人用）では、それぞれの文章から被検者の過去から現在、未来の自己像、家族を含めた対人関係、不安や価値観などの情報が得られる。精研式文章完成法テストには、対象に合わせた刺激文が準備された小学生用、中学生用がある。

　刺激文から連想される内容はさまざまである。しかしそれを言語的な文章として記述する形式だけに、書き込む過程で自然と被検者にフィードバックが生じ、望ましくないと判断された連想は修正されるかもしれない。そのため、文章完成法テストは投映法のなかでも比較的意識されたパーソナリティを測定すると考えられている。また個性のない無難な一般論や理想像の記述にとどまることもある。連想内容を率直に書かない・書けないことも被検者のこころの状態を反映していると考えれば、被検者の葛藤を理解することにつながるだろう。

　② P-F スタディ（Picture-Frustration Study）：ローゼンツァイク（1907-2004）によって考案された P-F スタディの検査用紙には、表情などが省略された線画の人物と台詞が印刷されている（図6-3）。用意された24の場面はすべてフラストレーション（欲求不満）が生じている場面で、自分に非がないフラストレーション状態（自我阻害場面）と、自分に非があ

図6-3　『P-F スタディ解説　2006年版　成人用』
（三京房　承認済）

り他者から非難されるフラストレーション状態（超自我阻害場面）の2つに分けられる。描かれた状況から場面を推測し、被検者は右側の人がどのように答えると思うか、一番はじめに思いついた言葉を書くように求められる。

　被検者の反応は、フラストレーションが生じた責任をどこに求めるか（他責・自責・無責）、どのように主張するか（障害優位型・自我防衛型・要求固執型）の組み合わせによって記号化され、数量化される。標準化作業で求められた平均値や標準偏差と比較しながら、被検者が自責的で言い訳ができない傾向にあるのか、逆に相手に解決を期待するだけで自分からは主体的に動かない人なのかといった被検者の特徴を把握することができる。P-Fスタディには児童用（4歳～14歳）、青年用（12歳～20歳）、成人用（15歳以上）があり、重複している年齢は検査者の判断によりどちらを使用しても構わない。児童用の場面は2006年に改訂がなされたが、成人用は1950年代の場面がそのまま使用されており、現代では馴染みの薄い場面も含まれている。

　③ **TAT（Thematic Apperception Test：主題統覚検査）**：TATは絵を見て物語を作る検査である。刺激となる絵図版は、日常的な場面の絵から非現実的で多義的な絵までさまざまあり、性別や年齢によって選択して使用する。創始者のマレーは20枚、実際の臨床場面では状況や被検者に合わせて10枚～15枚程度選択する。「それぞれの絵について、これ以前にはどのようなことがあり、今何が起こっているのか、人々は何を感じ考えているのか。そしてこれからどのようになるのかお話してください」と教示して実施する。解釈では物語の登場人物は被検者自身のある面を表しているという前提で、登場人物の関係性や悩みの内容、そこで起きる出来事、結末から被検者のパーソナリティを理解する。

　TATの分析にはP-Fスタディのような記号化システムはなく、その人が行動を起こす内的、外的な力を明らかにするという見地の欲求―圧力分析が有名である。また、絵に描かれているそれぞれの要素を的確に認知しているのかといった分析や、多くの人によって語られやすい物語のテーマと被検者の物語を比較しながらパーソナリティを理解する方法も提唱されている。児童用には、擬人化された動物が描かれたCAT（Children's Apperception Test）が作成されて

いる。

④ロールシャッハ・テスト（Rorschach test）：この検査は非常に曖昧なインクの染み（インクブロット）で作成された10枚の図版を用いる。それぞれの図版には色や形の特徴があり、10枚すべての図版を順番通りに実施することが決められている。検査はそれぞれのインクブロットが「何に見えたか」を答える自由反応段階、見たものについて説明を求められる質問段階、さらに必要に応じて行う限界吟味段階の3段階の手続きで実施される。質問段階で検査者は、被検者の自発的説明を損なわないようにしながら、なおかつ必要な情報を聞き取らねばならず、実施そのものにも十分な訓練が必要である。

ロールシャッハ・テストはインクブロットを「何に見たか」という連想の検査であると思われやすいが、それぞれの反応は「どこに見たのか」「どのような特徴からそう見えたのか」「何を見たのか」「それはインクブロットと似ているのか」といった点を重視して記号化される。反応数や記号の比率などを数量的に検討する形式分析、さらに一つひとつの反応の過程を追う継起分析を通して、被検者の意識的・無意識的側面を総合的に把握する。ロールシャッハ・テストはその人のパーソナリティについて、その人が外界とどのようにかかわるのか、感情的なことよりも客観性を重んじるのか、常識的なふるまいや共感的な行動がとれるのか、苦手な状況に陥った時どのような防衛機制を働かせるのかといった豊かな情報を提供し、被検者の個性だけでなく病態水準までも推測することができる。そのため病院臨床などで利用されることが多い検査である。

⑤**描画テスト**：描画テストはこれまでにあげた検査と違い、絵を描かせる検査の総称である。すなわち、実のなる木を1本描くように教示するバウムテストや、性格検査としての人物画テスト（DAP：Draw-a-Person Test）、家族画や動的家族画、家と木と人を1枚ずつ描くHTP法、また家と木と人を1枚の紙に描くS-HTP法や、検査者が枠づけした1枚の紙に、川・山・田んぼといった指定されたアイテムを使って風景を描き、最後に彩色する風景構成法など、多彩な描画テストが存在する。

描画テストの解釈は、まず絵を見ながら作品に対する検査者の印象を記述す

図6-4　家族画の例

る全体的評価が行われる。そして、サイズや筆圧、陰影、修正など「どのように描いたのか」に注目する形式分析や、「何を描いたのか、描かなかったのか」を見る内容分析からは、自己評価や精神的エネルギー、被検者の外界とかかわり方についての情報が得られる。また描画そのものだけではなく、描画後に被検者に対して絵の説明を求め、描かれた絵が被検者の現在・現実を反映しているのか、過去や未来、理想を描いたのかを明らかにするために質問や対話を行い、それらを総合して解釈する。たとえば図6-4に紹介した家族画の例では、食卓を囲む父親と2人の子ども、食事の準備をする母親の姿から感じとれる家族の雰囲気はどのようなものか（全体的評価）、一番大きく描かれているのは誰か（形式分析）、被検者は誰の隣にいるのか、誰か描かれていない人はいないか（内容分析）、家族は何をしていて、どのように思っているのか、被検者から聞き取りながら、この絵の特徴をまとめ、被検者のこころのなかにある家族のイメージを理解するのである。

　神経心理学的検査

　頭部外傷や薬物、脳血管障害による脳の損傷は言語、思考、記憶、認知といった精神機能に影響を及ぼす。認知症の一種である若年性アルツハイマー病が映画のテーマになるなど、そうした障害への理解も広まっている。しかしな

がら、いわゆる問診だけで物忘れと認知症を鑑別することは容易ではなく、神経心理学的検査が高次脳機能障害のアセスメントに果たす役割は大きい。

　認知症のスクリーニング検査には、長谷川式簡易知能評価スケール（HDS-R）がある。時間や場所を正しく理解しているかという見当識、記憶した言葉を後から思い出す遅延再生、計算、数字の逆唱、言葉の流暢性などの検査から構成されている。また、国際的にも比較可能な精神状態短時間検査―改訂日本版（MMSE-J：Mini-Mental State Examination Japanese）は、HDS-R の項目にさらに読字・書字や図形模写、検査者の指示に従えるかどうかを見る口頭命令動作の検査が加わっている。どちらも 10 分程度で実施できる簡易な検査である。アルツハイマー病を対象とした認知検査には Alzheimer's Disease Assessment Scale-cognitive component（ADAS-cog）も開発されている。

　ウェクスラー記憶検査（WMS-R：Wechsler Memory Scale-Revised）は短期記憶と長期記憶、言語性記憶と非言語性記憶、即時再生と遅延再生など、記憶のさまざまな視点を包括的に測定できる。ベントン視覚記銘検査は、図形がひとつないし複数描かれた 10 枚の図版を被検者が記銘し、描画ないし模写する課題である。視覚性注意、視覚認知、視覚記銘、視覚構成力の面から正確数や誤謬数によって採点され、被検者の得点が後天的な知的機能の欠陥を示すものかどうかを判定する。

　ベンダーゲシュタルト検査は 9 枚の模様・図形を描写する検査である。描写の正確さ、混乱度、描画方法から判定を行うが、児童に用いれば発達検査として、成人に対しては模写された図形の知覚の異常から器質的な脳の障害の有無を判定することが可能である。

　近年では画像診断の進歩によって脳の損傷を視覚的にとらえることができるようになったが、上記のような被検者の精神機能が実際にどのような状態にあるのかを確認するのは神経心理学的検査の役割といっても良いだろう。

⑤ テスト・バッテリーとフィードバック

　これまで紹介した検査は、それぞれの検査で測りうるこころの一側面を明らかにするにすぎない。ひとりの人間を多面的に理解しようとするとき、ひとつの検査から得られた情報だけではとても十分とはいえない。「人間関係がうまくいかない。仕事が続かない」と訴えるクライエントの問題は、その人の知的な問題が自他ともに理解されないための不適応なのか、あるいはストレス解消の方法が不適切で人間関係が破たんするのか、さらにはクライエントの人間不信が影響している場合も考えられる。検査者はクライエントの問題についてさまざまな仮説を立てながら、それを検証できるような心理検査を組み合わせること、つまりテストバッテリーを組むことが必要になる。このクライエントの場合であれば、知的な問題を確認するための知能検査、外界とのかかわりや感情面での特徴を知るためにロールシャッハ・テスト、P-F スタディという 3 種類を組み合わせたテスト・バッテリーも一案である。

　一般的にパーソナリティ検査では、質問紙のような意識的レベルの検査と投映法のような比較的無意識に近いレベルの検査を組み合わせることが多い。それぞれが共通した結果になることもあれば、矛盾することもある。たとえば質問紙法では客観的な傾向があるが、投映法では主観的で自己中心的な傾向が見られるような場合である。しかしその矛盾こそが被検者のありようを示しているのかもしれない。被検者は自分のことを客観的であると見なしているが、実はそうではないというギャップに注目することが、被検者のより多角的な理解と援助につながる。

　心理検査の最後の仕事は、結果のフィードバックである。検査の依頼者が医師であれば、検査の目的は被検者の統合失調症の可能性や心理療法の適否を検討すること、あるいは腹痛を訴える児童の心理的要因を調べることにあるかもしれない。教育現場では、児童の学習指導に役立てるために検査を利用することもあるだろう。心理検査のフィードバックでは、そうした目的にそって被検者の状態、問題の背景を説明するとともに、その人の健康な側面についても

フィードバックすることを心がけたい。被検者の悩みや症状の解決する上で、その人のもっているリソースを明らかにし、得意分野を広げてカバーする方法を見つけることは大切なことである。リソースを最大限に発揮できるように、検査結果は具体的・現実的にわかりやすく伝えなければならない。

　また学生相談室などでは、被検者自身が「自分の性格が知りたい」「どうして人とうまくいかないのか」と心理検査を希望することがある。このような場合は被検者に結果をフィードバックすることになる。たとえばある検査で「神経質」得点が高く、そのことが「人とうまくいかない」問題に大きくかかわっていると予想できたとしよう。そこで検査者が一方的に「神経質なところがありますね」と伝えるだけでなく、被検者自身が「神経質」だと感じることが実際にあるかを話し合う。本人が自分の特徴を自覚しているか否かは、フィードバック内容が受け入れられるかどうかに大きく影響する。被検者が「神経質」であることを自覚し、ネガティブにとらえているようであれば、「神経質」のポジティブな側面も伝えると良いだろう。「神経質」は「繊細さ」でもあり、しかしあまりに繊細すぎれば、疲れ果ててしまうのではないだろうかと話を進めることが役に立つこともある。そして「大学の授業でグループ活動をする時には……」と被検者の現実生活に合わせながら、心理検査の結果を生かせるように具体的に説明し助言する。心理検査のフィードバックは結果を伝えるだけでなく、そこでの話し合いがすでに心理療法的な意味をもつことも少なくない。心理検査の結果はあくまでも資料であり、被検者の援助につながるようにフィードバックしてこそ真価を発揮するのである。

（馬場　史津）

インテーク面接でのとまどいを通して

　大学院生時代、複数の現場で研修をする機会があった。ある医療機関でインテーカーとして研修をしていた時のことである。インテーク面接や診察の陪席を通して、いつか自分がインテーク面接をする日への準備を重ねていた。「インテーク面接ではどのような情報を確認するか？」「患者さんにはどのような聞き方をすればよいか？」インテークに関する書物を探しては知識を得ようともした。

　そして、ついに、その日がきた。うつ症状により、家事をする気力もなくなり、最近では話すらできなくなってしまったということを主訴とした50代の女性であった。同伴者である夫が予約をし、妻を連れてきていた。インテーカーとして経験も浅く、ひどく緊張していたが、ゆっくりと落ち着いた口調を心がけ、面接室へ案内した。インテーク面接について説明をした後、学んできた通りに主訴の確認、受診歴、現病歴、生活歴、家族歴……と順に話を聞き、まとめていくこころ積もりで臨んだ。

　しかし、その女性は主訴の通り、反応に乏しく、返答にも時間がかかった。戸惑いながらも、さらにゆっくりと短い言葉で話しかけ、少しずつ本人から必要な情報を確認しようと心がけた。当時は目のあたりにした病状と教科書の知識が一致していなかったが、すでに精神運動制止が進んだ状態であったのだろう。隣では、夫が腕を組み、足を揺らし、苛立っている様子がうかがえた。家族から話をきくのが良いかと思ったその瞬間、「もう止めてください！」と同伴者の夫が大きな声で切り出した。今から思うと、夫としても妻の状態に大きな不安や心配を抱いていただろうし、私の焦りも伝わっていたのかもしれない。私は、同伴者の意向を受け入れ、患者本人の負担を汲み、インテーク面接を中断した。

　診察前の主治医にインテーク面接の内容や経過をすべて報告し、必要な情報がまとめられなかったことを謝罪した。患者や家族に負担をかけてしまったことへの罪悪感や、インテーク面接が想像していたようにできなかったことへの不全感で一杯であった。すると、主治医は謝る必要はなく、インテーク面接ができないという本人の様子や家族の反応は、今の状態を把握するひとつの大切な情報であると説明された。その直後の診察で、女性は入院することが決まった。

　今から思い返しても、その時の動揺が感じられ、至らない点も多く恥ずかしい思いもするエピソードである。しかし、当時の私には、それだけに学びある体験でもあったと感じている。心理臨床全般にいえることだとは思うが、インテーク面接ひとつとっ

ても教科書通りに進まないことがほとんどである。病状や個別性、その人の環境を含めたさまざまな要因が、そこにはあるからである。それら、あるがままのすべての情報を拾い集めて、その人らしさや抱える問題を理解し対応や配慮をする必要があることを、体験を通してはじめて実感した。

　アセスメントにおいて、書物から学ぶ知識を十分に有していることは、とても大切である。知識があるからこそ、その人の抱える問題の背景をとらえることができ、必要な配慮をすることもできる。当時の私も、知識が不足しているあまりに、必要な配慮が欠如し、患者や家族に負担をかけてしまった部分が大きかったと感じている。

　一方、その後の私は、教科書的な知識を相手にあてはめてしまうだけでは、見失ってしまう部分も多く、十分にアセスメントをすることは難しいことも知った。先生や先輩方からは、教科書には載っていないインテーク面接での配慮や工夫について学ぶことができた。また、待合室での様子や他職種から見た視点など、受付スタッフや他職種との連携からもアセスメントに重要な情報を得られることも学んだ。こうして、体験から学んだアセスメントの技術が知識に肉づけされていくことも、アセスメントをするにあたって、非常に重要であると考える。また、これはアセスメントに限ったことではなく、本書では多領域で活躍する心理士の実体験からの学びにふれることができるだろう。

　心理の仕事に携わっていると、「人のことがわかるようになる？」と聞かれることが多い。しかし、心理の仕事を通じて、人を完全に理解することはできないことを知った。そして、このように人を完全に知ることはできないという心構えを抱いて目の前の人に臨むことは、その人を理解しようとする上で大切な姿勢でもあるのかもしれない、と今は考えている。

（大髙　基恵子）

学びのポイント　第Ⅱ部

・目の前の人に関心をもち、理解しようと努力する。
・アセスメントにおける面接法、観察法、心理検査法の基本を理解する。
・各種心理検査法の名称や、具体的な特徴を学ぶ。
・質問紙法検査と投映法検査の長所と短所を把握する。
・被検者の援助につながるフィードバックの方法を覚える。

第7章

はじめに学ぶ心理療法

 クライエントとの出会い方

1．心理学的支援の基本

　第Ⅲ部では、こころの問題を抱える方々へのさまざまな心理学的支援法を紹介する。それぞれの心理療法には、発展してきた歴史があり、特徴があり、これらの技法についてふれて、理解を深めることは初学者にとっては非常に重要である。しかしながら、心理臨床実践現場においては、これまで学んだ技法を目の前で困っている人たちにそのままあてはめようとすると、うまくいかないばかりか、弊害が生じてしまう。つまり、支援者の都合や考えで特定の支援を押しつけてしまうと、かえってクライエントにとって負担になったり、迷惑に感じることもある。また、いわゆるアドバイスを与えるという感覚で進めてしまうと、セラピストを過度に頼ることになり、クライエントの主体性が損なわれてしまうことになる。まずは、クライエントの示すサインを敏感に感じとりながら、ともに考えること、そばにいることがとりわけ重要である。何が必要なのか、どうなりたいのかなど、相手の語りにしっかりと耳を傾けて、一緒に解決策を見つけ出していけるように目指していく。

　こころのケアをしていく際には、相手のニーズを感じとりながら、支援者の提供できることとのすり合わせを十分に行う。そして、支援者の価値観を一方的に押しつけることなく、クライエントみずからが主体的に解決策を見出せるように促していく。そのために支援者側は、常に謙虚な姿勢を保ち、大変な状況のなかで頑張ってきているクライエントに敬意の念をもつことが大切である。また、クライエントや家族の気持ちを最大限尊重し、相手を傷つけないように、

言葉の使い方や間の取り方、ふるまい方にも十分に注意をしなければならない。

2．信頼関係の作り方

　どんなに知識のあるセラピスト（心理職）が正しい技法を駆使しても、どれほど理論的に正しい心理療法を行っても、問題が解決しない場合がある。なぜならこころのケアを行う際には、相手との信頼関係をしっかりと築かなければ始まらないからである。「この人となら話してみよう」「この人となら自分や家族の問題を一緒に考えてくれそうだ」などと、クライエントに思ってもらえること、そうした関係性があった上でさまざまな心理療法が効果を発揮するのである。そのために、セラピストは、相手が準備のないままに内面に急にふみ込んだりすることのないように慎重さをもち、安心感を与えることが重要である。そして、クライエントがどのような表現をしても大丈夫というメッセージを伝えるために自由で開かれた態度でいることである。また、相手の気持ちを丁寧に確かめながら、その辛さや大変さに思いを馳せていく。さらに、相互の関係性を意識しておくことによって、問題へのふれ方やクライエントとの距離の取り方などの微妙なさじ加減を推し量る。家族への支援を行う際には、それぞれメンバーの言い分をくみ取りながら、その落とし所を探っていく。そうした細かい作業を積み重ねながら、クライエントとセラピスト間の信頼関係は醸成されていく。どのような心理療法を行う場合でも、この双方の信頼関係が基本になっていることを肝に銘じておく必要がある。

　なお、主役は支援される側すなわちクライエントであることも忘れてはならない。どうしてもケアとか支援という言葉には、「弱っている人を助けてあげる」という意味でとらえられやすい。それもある側面を表してはいるが、こころのケアの本質は、「クライエントが自身の力で考え、問題を解決できるようになる」ことを目指し、こころの専門家はそうなるためのお手伝いをしているのである。

　そして、クライエントとの出会いに感謝し、一期一会であるという覚悟をもって、誠実にかつ丁寧な姿勢でかかわっていくことが何よりも重要である。

（小俣　和義）

② 精神分析的心理療法

1. は じ め に

　精神分析的心理療法とは、フロイトの精神分析理論に基づく心理療法である。「精神分析療法」と「精神分析的心理療法」の違いについては次の通りである。「精神分析療法」とは、患者をカウチに横たわらせ、週4～5日のペースで自由連想法（頭に浮かぶことをすべて話してもらう方法）を行ってもらい、それを分析するというフロイトが創始した心理療法である。しかし、昨今は週4～5日の分析を行うことは時間的にも経済的にもなかなか難しいため、週1～2日クライエントもセラピストも椅子に座り対面で自由連想法を行う「精神分析的心理療法」が用いられることが多い。どちらの心理療法においても自由連想法をするクライエントに対し、セラピストは受け身性、中立性を守り、連想の背後にある無意識を解釈し、意識化させていくことで症状の軽減、消失、自己理解を図る。

　また、フロイト以降、子どもの分析については、アンナ・フロイト（A. Freud, 1895-1982）は子どもには成人のような解釈を与えることはできないとし、セラピストが子どもと一緒に遊ぶことで愛着形成を築こうとした。それに対し、メラニー・クライン（M. Klein, 1882-1960）は子どもも成人同様に解釈を与えることは可能だとし、セラピストは子どもの遊びを観察し象徴的な意味を見出し解釈をした。ウィニコット（D. W. Winnicott, 1896-1971）はメラニー・クラインの影響を受けながらも一線を画し、移行対象（乳幼児が母から離れる時に不安を和らげるためにもつぬいぐるみなど）や抱える環境（絶対依存の乳児が必要とする発達促進的な環境を母親が作ること）などの概念を提唱した。

2. 精神分析的アプローチ

(1) 心的葛藤の意識化

　精神分析理論では、人間は意識して行っている部分はごくわずか、氷山の一角にすぎず、無意識の力が人間の行動を決定していると考えられている。たと

表 7-1　精神分析的アプローチ

1. 心的葛藤の意識化
2. 治療は、治療契約と作業同盟のもとで行われる
3. 転移・抵抗の分析が中心
4. 中立的・受け身的な治療者の態度と方法
5. 対話的自己洞察法と解釈技法

（乾，2009 より一部改変）

えば、研修会で司会者が「開会します」と言うべきところを「閉会します」と言い間違えた場合、これは単なる言い間違いではなく、何らかの影響を受けて無意識的に生じているといえる。つまり、この司会者はこの研修会にはあまり乗り気ではなく、言い間違いをした。しかし、乗り気ではないことを意識していたかどうかはわからない。無意識は見えにくく考えたくない領域であり、抑圧された怒り、衝動、記憶、不安などが入れられている。精神分析的心理療法

表 7-2　主な防衛機制

投影（投射）	自分が相手に向けている感情を相手が自分に向けているのではないかと思うこと。
反動形成	本心とは正反対のことを言ったり行動に表したりする。
抑圧	不快感情や苦痛などを意識しない（無意識のため本人も気づいていない）。
否認	不快感情や苦痛などについてそのようなことはなかったかのようにする（意識はしている）。
転換	抑圧したものが身体症状となって現れること。
合理化	自分の行為が周囲から批判されず受け入れられるように説明すること。
置き換え	欲求を本来のものとは別の対象に置き換え、満足すること。
隔離（分離）	感情と行動、思考と感情が切り離されること。
同一視（同一化）	相手を取り入れ、内在化し、自分と同じと見なすこと。
知性化	知的に高く、論理的であるかのように見せること。難しい言葉をつかうが、理解できていない。
退行	未熟な発達段階に戻ること。
打ち消し	以前の思考や行動とは反対のことをすることにより、取り消そうとすること。
昇華	反社会的な欲求を社会に受け入れられる形で示すこと。

の目標は無意識の意識化である。それまで症状に現れていた無意識的意味をセラピストが言葉にし、無意識を意識、自覚することで症状がなくなり、また、自分のことがよくわかるようになる。フロイトは人間の精神構造について、イド（快楽原則、無意識、本能が支配）、自我（現実原則、適応機能）、超自我（両親のしつけで内在化、良心）という 3 層構造に分けた。この 3 つの力が不均衡になると、心身への影響が出る。また、心身の症状はさまざまな防衛機制が不適切な形であらわれたためと考えられる。主な防衛機制は表 7-2 の通りである。

(2) 治療は、治療契約と作業同盟のもとで行われる

「治療構造」にはいわゆる外的な治療構造と内的な治療構造がある。外的な治療構造には、部屋の広さや壁の厚さ、部屋の机などの配置、窓や絵画などの有無、どんな椅子か、対面か 90 度か 180 度か寝椅子（カウチ）で横臥か、1 対 1 の個人面接か母子同室での面接か、何曜日の何時からか（通常 50 分面接）、料金はいくらか、などがある。内的な治療構造には、「頭に浮かぶことを何でも自由にお話し下さい」と説明すること、面接のはじめに「では、はじめましょう。頭に浮かんだことをお話し下さい」とはっきり言うなどがある。治療を行うにあたり、どのような取り決めで行うかといったルールを「治療契約」という。治療構造に掲げたこと（場所、時間、料金など）、面接時間に来ることができない場合にはどのような手段で連絡をとるのか、セラピストが長期休暇をとる場合には前もって伝えクライエントの了承をとることなどが治療契約の際、重要な確認事項になる。そして、治療目標を確認し、納得の上に治療契約をする。

精神分析的心理療法は、クライエント-セラピスト間の信頼関係の上に成り立っている。クライエントは自由連想法という要請された作業を行うこと、クライエントとセラピストとの間で安全に共同作業を行うことを作業同盟という。

(3) 転移・抵抗の分析が中心

時間が決まっている、頭に浮かんだことをすべて話さなくてはならないという治療構造や日常のコミュニケーションとは異なる、聴いているだけで反応が伝わってこない、といったセラピストの態度にクライエントはだんだんストレス状態になり、葛藤的になったり、依存的になったりする。そしてクライエン

トは退行（面接課程のなかで自然と未熟な発達段階に退行することを「治療的退行」と呼ぶ）していくと、「治療を期待する」ということから「（幼児の）私はお母さん（セラピスト）からよしよししてほしい。抱っこしてほしい」と過去の満たされない思いに支配されていく。これが転移である。クライエントがセラピストに向ける感情が転移であり、本来過去の重要な人との間に向けるものを転移していることが多い。クライエントは治療目的よりもセラピストへの個人的関心が強くなったり、セラピストに気にいられたいという思いも強くなる。セラピストに対して理想化したり、肯定的な感情を抱くことを陽性転移という。

　しかし、禁欲規則がある。禁欲規則とは、クライエントのいろいろな空想や願望に対して行動化しない、現実的満足を与えないということである。たとえば、クライエントが「先生、手を握ってください」と言ってもそれを治療者は行動に移すことはしない。クライエントは満たされない思いから葛藤が高まってくる。すると、クライエントはセラピストに苛立ち、不快感や怒りや恨みを抱くようになってくる。このように否定的な感情を抱くことを陰性転移という。

　そして、治療契約を破る（たとえば遅刻して来る）、自由連想中に沈黙が多くなってくるなどということが起こり、これを抵抗という。また、言葉にせず、行動化（たとえば部屋から出ていく）で表したり、症状を取りたくないがゆえに治療に取り組もうとしないという疾病利得についても抵抗として考えられる。また、治療の比較的早い段階で「症状がなくなったからもう面接は終わりにしたい」という申し出があった場合は、転移性治癒（見かけ上の治癒であり、本当に良くなったわけではない）であるものと思われ、これも現実からの逃避、抵抗と考えられる。クライエントの幼児期以来両親をはじめとする重要な人々との間で起きていた葛藤が、今ここで治療者との間に起きる。セラピストは転移と抵抗をくり返し解釈していかなくてはならない。

⑷　中立的・受け身的な治療者の態度と方法

　セラピストは中立的かつ受け身的な態度でクライエントの言葉に耳を傾ける。受け身的な態度とは、クライエントが自由に話すことを保証し、深い関心と敬意を払うという真の受容的な態度である。中立的な態度とは、治療者が個人的

な価値観や偏見から離れ、自由になることである。クライエントが自由に話せる守られた治療構造のなかで、セラピストが一貫した中立的な態度で受け入れること、治療構造や枠組み、隠れ身（セラピスト自身のことは話さないことで、セラピストはクライエントのこころを映し出す鏡の役割を果たす）を守りつつ、クライエントに寄り添い、そこに居続けることがクライエントの人格の統合へとつながる。

　しかしながら、中立的態度を取り続けることは簡単なことではない。クライエントがさまざまな感情を出してくることでセラピストの感情も揺れ動き、逆転移が生じることもある。逆転移とは、治療者がクライエントに対して抱く感情である。たとえば、「このクライエントの面接は気がすすまないなあ」と思い面接中眠気をもよおしたり、「クライエントの母が厳しすぎる」など思い同調してしまうなどということが起こることがある。これらはセラピストが過去の重要な人物、母親との関係を投影している可能性があり、セラピスト自身もそれを自覚することが大切である。

(5) 解釈技法

　精神分析理論では、現実よりも心的現実を大事にする。たとえば「幼い頃、母に叩かれた」と言ったとする。この幼い頃叩かれたのは事実か否かは問題ではない。それはクライエントの心的現実であり、この人には母親をそんなふうに感じているのだということ、このクライエントにとって真実なのだということを思い、面接をしていく。クライエントの自由連想を聴くなかで、セラピストは明確化、直面化をし、解釈を与えていく。

　明確化とは、クライエントの語りの曖昧なところ、よくわからないところについてセラピストが質問し、明確にしていくことである。直面化は、クライエントがもしかしたら気がついていないところをセラピストがはっきりさせていくことであり、クライエントの話の内容の矛盾についてセラピストが言うこともある。そうすることに、今まで気がついていなかった自分に気がつく。明確化と直面化をくり返し行うなかで、「ああ、これはこういうことだったのですね……」「もしかしたら……こういうことかもしれませんね」と解釈を与える。解釈もタイミングがあり、早急に解釈を行うと否定するなど抵抗を示す場合も

ある。また、断定的な言い方についても抵抗を示すことがある。「もしかしたら……」とか「何かこんなふうに感じたのですが……」というような柔らかな表現のほうが相手も受け入れやすいし、そうでない場合も気持ちを表現したりすることができやすい。

　明確化、直面化、解釈をくり返し行うことで、だんだん自分のことがよくわかるようになり、症状が軽減してくる。ただし、これらの道のりは一直線に良くなるのではなく、山あり谷ありをくり返しして少しずつであり、時間がかかる作業である。これらの一連の作業を徹底操作という。クライエントは自我を再統合させ「一人でやっていけそう」と思えるようになり、終結に至る。

（平野　聖枝）

❸　クライエント中心療法

　クライエント中心療法は、アメリカの心理学者ロジャーズにより提唱された心理療法である。フロイトの精神分析では「患者」、つまり医師の治療を受ける人は、ロジャーズのもとでは「クライエント（依頼人）」、すなわちみずから相談に訪れた人と呼ばれた。何に悩んでいるのかを真に知っているのはその人自身であり、心理療法はその人が自分らしさを取り戻し、自己決定できるように援助することであるというロジャーズの思想が“クライエント中心”という名称には込められている。

1．クライエント中心療法の目的

　ロジャーズは全体的パーソナリティを個人の特性や価値観といった自己構造（自己概念）と個人の感覚を通した体験の関係で示し、自己構造と体験の不一致が心理的緊張をもたらすと述べた（図7-1-a）。不一致の状態とは、体験が歪曲されて自身の一部だと認知されている部分（Ⅱ領域）や、体験が自己構造と矛盾するために意識化されていない部分（Ⅲ領域）が大きく、自己構造と体験が一致した部分（Ⅰ領域）が小さい状態を指し、その個人は傷つきやすく不安な

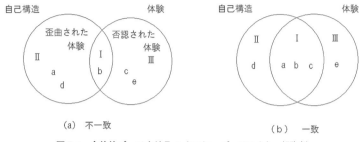

図7-1　全体的パーソナリティ（ロジャーズ，1951 より一部改変）

状態であると見なされる。クライエント中心療法の目的は自己構造と経験を一致させること、矛盾対立していた感情を自己構造に統合することにある（図7-1-b）。たとえば対人関係で悩むクライエントが自分の内面と向き合うなかで、「人とかかわることは苦手」だが「気の合う仲間と話すことは楽しい」というあるがままの自分を受け入れることがひとつの目標といえるだろう。つまり、クライエントの問題を除去するというよりも、クライエントが心理的緊張から解放され、ありのままの自分でいられるといった自己実現を目指すアプローチである。

2．セラピストの態度条件

　セラピスト―クライエント関係を重視したロジャーズは、純粋性、無条件の肯定的配慮、共感的理解の３つの態度をもったセラピストによって面接が行われれば、クライエントのパーソナリティに変化が生じると主張した（表7-3）。

　①純粋性：セラピストがクライエントとの関係のなかで一致した態度で臨むこと、これはセラピストの純粋性と呼ばれる（第３条件）。クライエントの話を聞いているセラピストのこころには、さまざまな思いが湧きあがる。時には「このクライエントはどうも苦手だ」と感じることもあるだろう。こうした自分の感情を否定するのではなくありのままに感じられること、そして言葉として表現できることが必要である。感じたことをクライエントに伝えることが、膠着したセラピスト―クライエント関係の打開につながることもある。

表7-3　パーソナリティ変化の必要にして十分な条件 (ロジャーズ，1957)

1. 　2人の人が心理的な接触をもっていること。
2. 　第1の人（クライエントと呼ぶことにする）は、不一致の状態にあり、傷つきやすく、不安な状態にあること。
3. 　第2の人（セラピストと呼ぶことにする）は、その関係のなかで一致しており、統合していること。
4. 　セラピストは、クライエントに対して無条件の肯定的配慮を経験していること。
5. 　セラピストは、クライエントの内的照合枠を共感的に理解しており、この経験をクライエントに伝えようと努めていること。
6. 　セラピストの共感的理解と無条件の肯定的配慮が、最低限クライエントに伝わっていること。

　②**無条件の肯定的配慮**：これはクライエントに対してなんの条件もつけず、個人として尊重することである（第4条件）。人にはそれぞれ独自の価値観がある。ボランティアに関心のあるセラピストは「ボランティアは大切ですよね」と言われれば「そうですね」と同意しやすい。しかし「ボランティアなんて意味はないですよね」と言われたら「そうでしょうか？」と反論したくなっても不思議ではない。しかし、心理療法におけるやりとりでは自分と異なる意見もクライエントのひとつの側面として尊重し、その瞬間にクライエントが感じていることを受けとめる態度がセラピストには必要となる。ここで注意すべきことは、受けとめるのはクライエントの気持ちであって、行動を許容することではないということである。「殺したい」「死にたい」気持ちを尊重することはできるが、殺人や自殺を認めることはできない。しかしながら、セラピストが気持ちを受容することで、クライエントの気持ちが整理され、行動が抑えられることも少なくない。

　③**共感的理解**：これはクライエントの怒り、おそれ、あるいは混乱をあたかも自分自身のものであるかのように感じとることである（第5条件）。クライエントがアルバイト先で理不尽に怒られた話をしたとしよう。セラピストはあたかも自分が理不尽に怒られたかのように想像しながら、クライエントの気持ちに近づこうとする。場合によっては、セラピストの想像とクライエントの気持ちは同じではないかもしれない。そのこともまた、クライエントの体験が繊細で独自のものであるということを理解することにつながる。また共感的理解は、

理不尽な話を聴いたセラピスト自身が同じように理不尽だと怒ることとも異なる。あたかもという感覚は、クライエントの気持ちに寄り添いながらも、巻き込まれることなく客観的に理解を深める姿勢である。

このような3つの態度でセラピストが面接をすることによって、クライエントは自分が尊重されるべき、大切な存在であると感じることができる。すると自分の感じたこと、考えたことをそのままに話せるようになり、自分は本当はどのように感じていたのか、何がしたかったのか、なぜそれができなかったのか、自分自身と向き合うことが可能になるとともに、自分の進むべき道を選択できるようになる。セラピストの態度がクライエントの自己決定を促進するのである。

3．クライエント中心療法の技法

第6条件に示されているように、セラピストの態度はクライエントに伝わらなくてはならない。セラピストがクライエントと視線を合わせ相槌を打つことは、話を聴いているというセラピストの態度を伝え、逆に視線を逸らした気のない相槌は、セラピストのこころがクライエントに向いていないことを伝えるだろう。

クライエントが自分の感情に気づくために、クライエント中心療法では感情の反射という技法が用いられる。これはクライエントが感じていることをそのままに受け取り、返していくことである。「なんだか寂しいような気がします」というクライエントに、「寂しいような気がするのですね」とセラピストがくり返す。当然のことながら、クライエントの文脈から離れ、ロボットのようにくり返しても意味はない。後年のロジャーズが理解の確認と呼んだように、クライエントがその状況で感じている気持ちをセラピスト自身も味わうような思いで「寂しいとあなたが感じているという理解でよいでしょうか」と確認するためにくり返すのである。クライエントのこころの世界がセラピストを鏡として映し出され、「寂しい、というのとも違うかもしれない」とさらに吟味される。そして「私は虚しいのだと思います」と自分の体験と自己概念が一致し統合さ

れるのである。

また感情の明確化と呼ばれる技法もある。これはクライエントが感じてはいるが言葉になっていない感情について、セラピストが「あなたは……と感じているのですね」と明らかにすることで、クライエントはみずからの感情に気づくことになる。セラピストの言葉として聞くことにより、曖昧であった感情が「私は……と思っているのだ」と意識し確認できる。ここでは、クライエントがうすうす気づいている感情や受け入れる準備のある感情を取り上げることが重要で、受け入れる準備ができていない場合にはクライエントを傷つけることにもなりかねない。

セラピストの仕事とはクライエントが自分と向き合う空間、意識を作り出すことにある。ここにあげた技法はそのための言語的、非言語的技法であるとともに、その性質上、セラピストの人間性そのものが大きくかかわることになる。

4．クライエント中心療法の適用と展開

ロジャーズが公開した個人面接の逐語記録によって、クライエントが何を語り、セラピストはどう対応したのか、そしてその効果について具体的かつ客観的に論じることが可能になった。ロジャーズ自身が29名のクライエントを対象とした効果の検証に取り組んでいるように、心理療法にエビデンスが必要なことはいうまでもない。しかしながら自己実現を目標とするクライエント中心療法では効果を実証する研究になじみにくいことも事実である。統合失調症のクライエントと面接をするようになったロジャーズは、他者との関係形成そのものが困難な事例にはセラピストの態度の修正が必要な場合があると述べている。多くの心理療法と同様に、クライエント中心療法もすべての対象に効果があるわけでなく、自己実現を目指すクライエント、不一致のような心理的緊張に気づき、他者との関係が形成できるクライエントにとくに効果が期待できる心理療法である。

ロジャーズは個人療法のみならず、自己の成長を目指すエンカウンター・グループにも力を注ぎ、みずからの技法をパーソン・センタード・アプローチと

呼ぶようになった。クライエント中心療法は、個人療法・言語面接の枠組みを超えて、遊戯療法やパーソン・センタード表現アートセラピーといった非言語的な心理療法の基礎としても息づいている。

 ## 4 行動療法・認知行動療法

1．行 動 療 法

　行動療法の大きな特徴は、臨床的な問題を「行動」としてとらえ、治療の対象とすることである。なぜそうなったのかという原因を解明するよりも、目の前の困った「行動」を変化させ、その人の QOL を高めることを目標とする。

　アイゼンクはさまざまな「学習」に関する実験的研究や理論、方法をひとつの「行動療法」という治療法としてまとめ、ワトソンは「条件刺激の呈示後に無条件刺激を対呈示することにより、条件反応を形成する」という古典的条件づけを利用して幼児を恐怖症にする実験を行い、恐怖が学習されることを示した。のちにジョーンズによって、恐怖が消去できることも証明され、恐怖症は学習された恐怖を消去すれば解決されることが明らかとなった。このような研究をもとに開発されたのがウォルピによる系統的脱感作法（Systematic Desensitization）である。

2．行動療法の技法

　系統的脱感作法では、不安や恐怖を喚起する場面を特定し、不安や恐怖の最も低い場面から最も高い場面まで配列された不安階層表を作成する。たとえば「高架駅のホームが怖いので駅に行くことができない」と高所恐怖を訴えるAさんがいたとしよう。Aさんはなんらかの理由によって高い場所は怖いと学習したと考える。そこでセラピストはAさんと話し合いながら、「高層ビルの屋上から地上を見下ろす」不安を 100 とするなら、「高架駅のホームに立つ」は 80、「自宅の二階のベランダに出る」が 50、「屋内で脚立に登る」が 10 といった不安階層表を作成する。

次に、Aさんに漸進的弛緩法や自律訓練法（8章4節参照）を指導する。漸進的弛緩法は段階的に筋肉を緩める方法で、まず肩に力を入れてから力を抜くといった部分的な弛緩から、全身の弛緩へと進める。このような技法を用いて身体が十分にリラックスした状態を作り、Aさんに最も不安刺激の低い「屋内で脚立に登る」イメージをさせる。不安や恐怖と相容れない身体がリラックスした状態でのイメージは不安や恐怖を抑制し、その場面は不安を喚起しない場面として学習される。これを不安階層表に従って順番にすすめ、「高架駅のホームに立つ」イメージに対する不安を減少させるまでに至り、日常生活に支障がなくなれば、Aさんの問題は解決されたといえる。不安や恐怖が生じなくなるまで、くり返し刺激に直面させる暴露法（Exposure）、不安時に出現する回避行動をさせないようにしながら練習する反応妨害法（Response Prevention）を併用した技法もある。

　またオペラント条件づけの原理に基づくものでは、目標となる行動を生起させるための技法が考案されている。椅子に座った時に褒めることで着席行動を形成する正の強化法や、目標までのプロセスをスモールステップに分解し、段階的に行動を形成するシェイピングなどである。ほかにも行動に影響を与える前後の状況を操作する随伴性マネジメント、問題となる行動をほかの行動に置き換えるハビット・リバーサル（Habit Reversal）などがあり、いずれの技法も行動のメカニズムを理解する応用行動分析の枠組みを利用したものである。

　さらに社会学習理論に基づいて観察学習の効果を取り入れたモデリングや、セルフ・コントロールの技法など、行動療法には100以上もの技法がある。行動療法は変化させたい問題が明確な場合に非常に有効な方法で、療育における中心的アプローチにもなっている。またパニック障害や強迫性障害などを対象にする場合も、さまざまな技法を組み合わせながら実施されている。

3．認知療法
　もう一度、Aさんの高所恐怖を考えてみよう。高層ビルの屋上はある人にとっては恐怖の対象であるが、別の人には美しい景色を提供してくれる、何度でも

訪れたい場所にもなる。同じ場所も、その人のとらえ方、すなわち認知が変われば生じる感情や行動が異なる。この点に注目した心理療法が認知療法（Cognitive Therapy）である。

　認知療法では、人は幼い頃の経験を通してこころのなかに「失敗する人はダメな人、ダメな人は嫌われる」といったスキーマを形成すると仮定する。スキーマはストレスなどによって自動思考となって意識に表れる。自動思考とは、それが正しいか否かの判断がされないままに「失敗した、もうダメだ」とすっと浮かびあがってくる、まさに自動的に浮かぶ考えを指す。自動思考は日常生活を支配し、自己と現在の体験、未来のそれぞれに影響を及ぼす。「私はダメな人間だ」という自動思考は現在起きている些細な失敗を「何をやってもダメなんだ」と認知させ、「きっとこれから先もダメなんだ」と未来のことまで予見させる。「何をやっても」「これからもずっと」といった認知がその人の気分や行動に影響を与える。自動思考は、当事者にとっては正しいように見えても、実は合理性がないことが多い。このような認知の歪みを修正するアプローチが認知療法である。

4．認知の歪み

　認知の歪みはその特徴からいくつかに分類することができる。たとえば、私たちは電車に乗り遅れることもあるが、いつも乗り遅れるわけではない。しかし何度か乗り遅れた経験だけを選んで「私はいつも電車に乗り遅れる」と意味づける（図7-2）。これは選択的抽出と呼ばれる認知の歪みの例である。ほかにも、十分な証拠がないにもかかわらず飛躍した結論を出してしまう恣意的推論、常に白か黒かに分けようとする二分割思考、自分の感情状態から現実を判断する情緒的理由づけ、相手にも理由があることを無視し、すべてを自分と関連づける自己関連づけなどがある。

　このような認知の歪みに対し、セラピストはソクラテス的対話と呼ばれる、クライエントの気づきをもたらすような質問を投げかける。「なぜできないのでしょうか？」「どうしてですか？」といった質問だけではなく、「よくがんば

りましたね。成功のきっかけは何だったのでしょう？」と成功体験にも目を向け、一緒に考える姿勢を示すことも重視される。このようなプロセスを通じて次第にクライエントはみずからの認知の歪みに気づき、修正できるようになる。

認知の歪みを修正するプロセスについて、もう少し具体的な例をあげよう。「私はいつも電車に乗り遅れる」と訴えるクライエントに対して、セラピストは「本当にいつも

図7-2　「私はいつも電車に乗り遅れる？」

ですか？　一週間の記録をつけてみましょう」と行動実験と呼ばれるホームワークを出す。実際にはいつもではなく10回のうち1回かもしれないし、乗り遅れないかもしれない。クライエントが「いつもと思っていたが、いつもではなかった」と現実を客観的に判断し、認知の歪みに気づくように促すのである。

5．認知行動療法

近年の認知療法は、純粋に認知を対象とするだけでなく、これまでに示したような行動の観察や実際に行動してみるといった行動の要素を含む場合が多い。また行動療法も認知が行動を媒介する要因としてとらえるようになってきた。そのためこれらのアプローチは広義の認知行動療法（CBT：Cognitive Behavior Therapy）と呼ばれ、認知療法は認知行動療法に集約されつつある。

図7-3に示したように、現在の認知行動療法では認知、情動、行動、生理的機能を重視し、これらの要素と環境との相互作用を含む統合システムが問題を

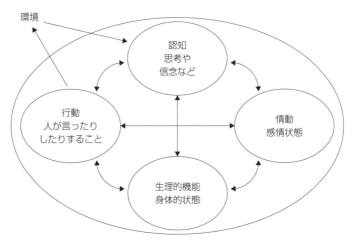

環境

認知
思考や
信念など

行動
人が言ったり
したりすること

情動
感情状態

生理的機能
身体的状態

図7-3　問題を維持する統合システム（下山, 2011）

維持していると考える（下山, 2011）。たとえば「いつも」「絶対に」といった認知がネガティブな感情を引き起こし、回避的な行動や不快な身体反応として現れる。また、不快な身体反応がネガティブな感情を引き起こすといったようにそれぞれの要素は相互作用的である。こうした問題を維持する悪循環を突き止めて、断ち切ることが認知行動療法の目標となる。

　さらに認知行動療法は、学習理論や認知モデルに基づく技法に加えて、体験による理解を重視する方法へと発展を続けている。その瞬間の現実に気づきを向けるマインドフルネス認知療法や、実際の出来事とそれに対する認知を分ける技法を用いるアクセプタンス＆コミットメント・セラピー（ACT：Acceptance and Commitment Therapy）などは第三世代の認知行動療法と呼ばれている。

　認知行動療法は疾患別に治療効果を実証する研究が多数なされ、とくにうつに対する治療効果が確認されている。また個人療法だけでなく集団療法としても実施できるため、多方面で活用されている。認知行動療法に対する期待は、今後ますます高まるだろう。

（馬場　史津）

第8章

心理療法の実際

1 芸 術 療 法 (art therapy)

1．芸術療法とは

　芸術療法は、絵画療法や箱庭療法などに代表されるように、無意識からもたらされる思考や感情を、言語を使わず、イメージのなかで表現する心理療法ということができる。その歴史は、イギリスのヒル（A. Hill, 1886-1977）による結核患者への生活療法が始まりといわれている。その後アメリカのナウムブルグ（M. Naumberg, 1890-1983）が 1960 年代に力動的絵画療法として確立したといわれている。

(1)　芸術療法の種類

　芸術療法には、絵画をはじめとして、粘土などによる造形や指に絵具をつけて描くフィンガー・ペインティングなどがある。さらに、音楽を刺激として用いたり鑑賞したりする音楽療法もあり、合奏・歌唱・合唱なども行う。舞踏は身体性・運動性を根底に置く療法である。そのほか、人形劇や心理劇、読書や詩歌・俳句・イメージ療法など、芸術療法は幅の広い領域を網羅している。水島恵一（1928-2015）は、イメージ・芸術療法として 1980 年代に体系化している。

(2)　芸術療法の原理

　芸術療法の表現領域は広く、言語表現が可能な意識レベルから、言語化できない無意識レベルまでの領域を、非言語的表現で表すことができるという特色をもっている。また、作品を自己の内的世界の投影として、五感を使って味わうことにより、内省的自己受容や自己洞察が可能になることも重要な点である。

　制作過程において、非言語的表現プロセスがカタルシス作用を引き起こし、

自己治癒につながっていくことになるし、作品づくりのプロセスにかかわることが可能なことから、関与しながら観察することができるのも特色である。また、クライエントとセラピストの間に、媒体となる箱庭作品や画用紙などが介在することで、セラピストの追体験が可能になりクライエントの作品作りの営みにかかわることで、心理療法の流れを見失わないようにすることが、言語的アプローチに比べて容易であるといえる。芸術療法では、治療が進むにつれ、非言語的自己表現が少しずつ統合の方向に向かい、自己実現が行われていくことになる。以上のように、クライエントとセラピストの二者関係に絵画や粘土などの緩衝的媒体としてのイメージを促進させてくれる素材が入ることで、三者関係への発展が期待されることになるのである。

(3) 芸術療法の適用範囲

対象であるクライエントの病態水準と治療目標にそって、適切な療法を選択することになる。主な疾患としては、神経症、心身症などに用いられることが多いのが実情である。統合失調症などでは、慢性期に用いられるが、急性期に使用する場合は相応の注意が必要である。子どもなどの言語よりも、非言語的方法のほうが自己表現しやすい者や、言語的コミュニケーションが難しい対象者にも活用することができるのが特徴でもある。

2．芸術療法の諸技法

(1) 絵 画 療 法

絵画療法は、大きく自由画と課題画に分けることができる。

①**自由画**：自分の思いのままに自由に描画してもらう方法である。

②**課題画**：たくさんの種類があるが、ここでは代表的なものをあげる。

　a）スクィグル法

1枚のA4サイズの画用紙にセラピストが黒のサインペンでなぐり描きをし、その描線が何に見えるかクライエントがクレヨンを使って描画を行う。役割を交代して、複数回行う。別な方法としては、同時にセラピストとクライエントがなぐり描きをし、お互いに交換して、何に見えるかクレヨンを使って同時に

描くというものである。また、1枚
の大きな画用紙を区切ってスクィグ
ルを行い、最後に物語を作る物語統
合法なる技法もある。さらに、なぐ
り描きと描画をクライエントひとり
で行うスクリブル法などもある。

図 8-1　スクィグル法の作品例

　　b）交互色彩分割法

　1枚の画用紙に、黒のサインペンでセラピストとクライエントが交互に描線
を引き用紙を分割する。そして、分割された部分を交互にクレヨンを使って彩
色していくというものである。緊張感が少ないがゆえに、統合失調症の治療な
どに用いられることが多い。

　　c）コラージュ療法

　フランス語でコラージュとは「のりで貼る」という意味である。カタログや
雑誌から切り抜いた写真や絵などを、画用紙に貼り作品にしていくものである。
この方法は、集団療法で導入されやすく、ほかの絵画療法に比べて、絵を描く
ことが苦手な人にも導入しやすく、子どもからおとなまで年齢を問わず、急性
期を除く統合失調症のクライエントから知的障害の子どもまで広く適用できる
ものである。コラージュ療法には、制作方法から「マガジン・ピクチャー・コ
ラージュ法」と「コラージュ・ボックス法」がある。

　「マガジン・ピクチャー・コラージュ法」はクライエントが雑誌やカタログ
から好きな写真を自由に切り抜いて貼る方法である。一方、「コラージュ・ボッ
クス法」は、あらかじめセラピストがA4程度の切り抜きを数十枚箱に入れて
おき、クライエントが箱のなかの切り抜きを選んで貼っていくものである。

　(2)　**箱 庭 療 法**

　箱庭療法は、メラニー・クライン（1882-1960）やアンナ・フロイト（1895-
1982）などの理論をもとに、ローエンフェルト（M. Lowenfeld, 1890-1973）が世界
技法を考案し、スイスのカルフ（D. Kalff, 1904-1990）によって発展した心理療法
のひとつである。日本には、1965 年河合隼雄（1928-2007）によって紹介され、

医療をはじめ、福祉現場や学校のスクールカウンセリングでも使用されている。

　必要な準備品としての用具は、砂の入った砂箱（57 cm × 72 cm × 7 cm）、さまざまなミニチュアだけというシンプルなものになっている。箱の内側は青く塗られ、砂をかき分けると水が出てくるイメージとなっている。実際に水を使用することもある。砂箱のなかに、ミニチュアの人形や動物、建物、植物、乗り物などを置いていくことで、作品が作られることになる（図8-2）。ミニチュアの数や種類は、セラピストが使いこなせることが目安となる。そして、クライエントの制作意志を尊重し、好きなように作ってもらうことが何よりも重要である。

①導　　入

　「ここにある玩具を好きなように使って、この砂箱のなかに何か作ってみませんか」と教示を与え、非介入的・受容的姿勢でかかわっていくことになる。制作時間に制限はないが、治療時間の枠に収まるように配慮することが必要である。クライエントの作品は五感を使って味わうことが重要である。作品の解釈は伝えないのが基本である。

②箱庭療法の治療的意味

　砂の感触からクライエントは心理的退行状態を引き起こしやすくなる。これに水が加わることによって、退行はより促進されることになる。セラピストはクライエントの退行の状況に注意を払わなくてはならない。砂箱は守られた空間であり、セラピストのクライエントに対する心理的守りも重要である。作品を制作す

図 8-2　箱庭療法の作品例

る過程を通して、クライエントは内面にあるものを意識化していくことになるのである。その結果、自己表現と美意識の充足を味わうことができるのである。

③箱庭療法の理論

箱庭療法は、心理療法でいうところの表現療法のひとつであり、非言語的表現の手法を使用している。また、イメージと象徴的表現による心理療法ということができる。絵画療法のひとつである風景構成法と違って、三次元的表現を用いていることも特徴のひとつである。無意識だけではなく適当な意識の介入も認めている。そして、何よりも重要なのは、子どもの遊びが原点にあるということである。箱庭療法では、とくにセラピストとクライエントの関係性が重視され、セラピストは母性的安心を提供することになる。解釈については、ユング（C. G. Jung, 1875-1961）の分析心理学の理論が使われることになる。

3．分析心理学

分析心理学は、ユング（1875-1961）の考えや実践の総称である。ユングは、意識と同時に無意識のもつ主体性や自律性に重きを置く理論を展開し、無意識の世界における体験を深めることから生まれる心的エネルギーを、現実の生活に活性化させることを目指した。ユングによれば、心の全体性の実現を図るためには、意識と無意識の両方の世界を生きることが必要になるのである。これは、ユング自身が経験した、精神病といってよいくらいの幻覚や夢との格闘の経験から生み出されたものと考えられる。分析心理学は、無意識と直面し、対決するなかから創り出されたものであるということができる。フロイトの精神分析療法と違って、解釈を重視しないところに特徴がある。

分析心理学では、夢を治療の中核に据えている。夢を無意識へ接近するための手がかり

図8-3　C. G. ユング

としたのはフロイトであるが、ユングは夢を治療の手段として活用した。ユングの夢に対する考えを簡単に整理すると、「夢は無意識のこころの表現であり、内的体験を深めることが可能になるもの」となるのではないだろうか。

　ユングの夢分析は、夢に現れたイメージから離れないように、連想を追い続けることを特徴としている。夢は自我に対する「補償」の存在であり、決してごまかしをしないで、自我を補うための、何か未知なるものを伝えてくれる存在ということになる。つまり、自我の次元でとらえきれない高いレベルの未知なるものを、夢は自我が把握できる範囲の最良の形象として伝えるのであると考えたのである。

　また、ユングは人間のこころの基本として、外向と内向の両方向性を設定している。心的エネルギーの関心が外界に向かう場合を外向と呼び、自身の内的世界に向かう場合を内向と定義している。さらに、この外向・内向に、こころの基本的機能として、「思考」「感情」「感覚」「直観」の4つのタイプを考えている。外向と内向は互いに補償的に働き、4つのタイプとも補償的関係を作っているとしているのである。

　フロイトは、意識と無意識のぶつかりから神経症の症状がもたらされると考えた。そこでは、個人の自我としては受け入れがたい不快なものを、無意識へと抑圧することになる。このようなフロイト的無意識を、ユングは「個人的無意識」と呼んでいる。この、「個人的無意識」の下層に個人を超えた人類に共通の無意識の層があると考えたユングは、これを「普遍的無意識」と名づけたのである。さらに、夢の内容と世界の神話に共通したテーマがあることに気づいたユングは、この「普遍的無意識」につながる神話的モチーフや形象から成り立っているイメージの基本型を「元型」と名づけたのである。

　「元型」の代表的なものとしては、外的な適応的態度をもった姿として「ペルソナ」をあげることができる。社会から求められている態度や行動パターンに対して、男性は男性らしく、女性は女性らしくふるまうことを指す。この社会的性としての「ペルソナ」に対して、男性・女性の無意識のなかにある異性像を「アニマ」「アニムス」という。「アニマ」は男性の無意識のなかにある女

性像を指し、「アニムス」は女性のなかにある男性像のことを指す。

　さらに、個人の意識のなかでは生きられなかった、受け入れがたい部分を「影（シャドウ）」と呼び、この「影」の部分が加わることで、個人の統合性において深みが増すことになるとユングは考えたのである。

　分析心理学の心理療法は、人生を通して確立された自我を前提に、自我と「普遍的無意識」との対決から得られたものを、意識化し統合していくことにあると考えられる。異性との問題では、「アニマ」「アニムス」の問題として位置づけるけることで、個性化の過程から考えてみることが可能になるし、夢における何者かの死は、「死と再生」の意味から考えてみることが重要になるのである。

4．イメージ療法

(1) イメージ療法とは

　イメージ療法は言語的心理面接において、決められた手順のもと、クライエントのイメージ体験を心理療法に活用するものである。イメージ療法では、クライエントの内的なイメージを直接扱うことになる。それは、睡眠に移行しない半覚醒の意識状態でのイメージである。

　イメージ療法の歴史はヨーロッパに端を発する。ロイナー（H. Leuner）の誘導感情イメージ（1969：Guided Affective Imagery）では、治療プロセスに応じて、草原、山登り、家など出発主題が提示されることになる。ヴィレル（A. Virel）の夢療法は（1968）、「産婆術段階」「夢幻想段階」「成熟段階」から構成されている。日本では、1960年代からイメージ療法が取り入れられ、成瀬悟策（1924-2019）の催眠イメージ面接法や水島恵一によるイメージ面接法が道を開き、その後、藤原勝紀（1944-）による三角形イメージ体験法や田嶌誠一（1951-）による壺イメージ法などの技法が生まれている。

(2) イメージ療法のアプローチ

　イメージ療法の導入には慎重でなければならない。藤原（1994）は、導入に関して、「なんらかの形の不安や緊張などの感情的体験に基づいて症状が発生

したり固定化がなされているとか、適応行動がそのために促進されないといったことが予測される場合」などをあげている。田嶌（1987）は、「外界志向的構え」から、「内界志向的構え」へ変化した状態をあげている。

　イメージ療法のステップとしては、初め開眼状態でイメージの練習を行い、イメージと五感や感情とのつながりに注意が向くようにする。導入では、身体の緊張をほぐし、力を抜いて、深呼吸を行い、ゆっくりと眼を閉じる。それから、イメージに移っていくことになる。イメージの流れを邪魔しないように、寄り添う気持ちで時々質問が行われる。時間としては、30分程度を目安に、終了後イメージと現実体験をつなげるように援助を行う。おもな適応対象としては、神経症水準や健康な人があげられる。

（渡部　純夫）

② 遊戯療法

　　小学校4年生のAさん。2学期の途中から、学校に行こうと朝準備をするとお腹が痛くなることが続いた。病院に行ったところ、お腹それ自体におかしいところはなかったが、毎日のように同じようなことが続き、学校に行けなくなる日が続いた。困ったAさんとお母さんは学校の先生に相談し、教育相談センターを紹介してもらった。そこでAさんは臨床心理士によるプレイセラピー、遊戯療法を受けることになった……

　遊戯療法、プレイセラピーとは上の例のようなこころに悩みを抱えた子どもを対象として「遊び」「play」を介してケアをする心理療法のひとつである。もともとはプレイセラピーといわれるようにイギリスやアメリカから入ってきた心理療法の技法であり、とくに精神分析においては、アンナ・フロイトやメラニー・クラインらによって当初より児童に対して行われてきた治療法のひとつである。

言葉が示すように、遊戯療法はチャンバラごっこや人形遊び、カードゲームやボードゲーム、鬼ごっこなどさまざまな遊びを介して治療的かかわりを行う技法であるが、子どもを遊ばせる技法でも、遊んでいて治るという技法でもない。「play」のなかで子どもたちのこころの悩みや叫びが展開され、沈痛な思いや怒りの衝動に満ちた行動が多く見られる心理療法である。これはほかの技法において紹介されてきたように、おとなであれば言葉で自分の思いを語れることや、ある程度自分自身を抑える力があるのに対して、子どもはそうした力をもたず、自分の欲動をコントロールすることができないために起こりうる現象である。しかし、それだけ激しい思いを、子どもが夢中になって取り組む活動である「play」を通すからこそ、治療的な意味があるとされている。

1．遊戯療法の実際
　遊戯療法の多くは動き回れる程度の広さのあるプレイルームといわれる専用の相談室で実施される。部屋には、玩具や砂場、箱庭などが置いてあり、子どもたちが自由に遊べるような空間になっている。セラピストは子どもと1対1で入室し、おおむね週一日50分の治療構造でセラピーを行う。決まった部屋で決まったセラピストが決まった曜日、時間で会うというこの治療構造が、遊戯療法にとっては非常に重要な役割をもつ。またセラピストは、子どもに対して開かれた受容的態度で接し、「ここでできることなら、何をしてもかまわないよ」とはじめに伝えるが、放任し好き勝手にさせるわけではない。セラピストを叩きたがる子、時間を守らない子、部屋を壊そうとする子がでてくるが、そうした子の思いは汲み取りつつも、制限を治療的なルールによって組み立てることでセラピストの受容的態度を守る必要がある。その時に重要になってくるのがアクスラインの8つの原則である。

2．アクスラインの8つの原則（V. Axline, 1947/1972）
　アクスライン（1911-1988）は、来談者中心療法の流れを汲む心理療法家で子どものプレイセラピーを行うなかで、大切なセラピストの8つの原則を述べて

いる。「ラポールの形成」「あるがままの受容」「おおらかな雰囲気」「感情の察知と伝え返し」「子どもの主体性の尊重」「非指示的態度」「ゆっくりとした進行」、最後が「制限」である。8つの原則の多くはクライエント中心療法で述べられる原則と同じものが多いが、最後の「制限」のみが特殊な意味をもっている。子どもは自分の内的なこころの悩みを言葉にすることができないため、その思いの強さを行動で示すことになる。しかし、その結果、セラピストやプレイルームが壊れることになっては、子どものこころに傷を残すことになる。それを防ぐためにもこの「制限」が必要であり、制限があるなかでセラピストが受容的態度をとることで、子どもが安心して、自分の内的な世界を遊戯療法のなかで表現できるようになると考えられている。

3．遊戯療法の一般的な治療要因

　遊戯療法を行い、子どもがセラピストとの間で「play」を展開することにより、なぜこころの病気が治っていくのか。そこにはいくつかの要因があるとされている。ひとつめは、かかわるおとなの要因である。子どもはひとりで遊戯療法を受けに来ることはできない。先程のＡさんの例をあげると、両親が仕事で忙しく、Ａさんのことをあまり見てあげることができなかった。Ａさんは毎日学校に寂しい気持ちで通っていた。こうした状況が続いた結果、Ａさんは学校に行く際にこころが満たされないまま出かけることになり、そうしたこころのエネルギーの欠乏の結果、腹痛や学校を休むという形でＡさんがサインを出したことから、相談が始まっている。そして、こうしたサインをおとなが受け取り、両親のどちらかが子どもと一緒に遊戯療法の場に出向く、そのこと自体が治療的意味をもつといわれる。子どものサインを親が受け取り、子どものために解決したいと動くこと、これが子どもにとっての親の努力や配慮が自分に向けられることにつながり、子どものこころのエネルギーを満たすことにつながっていく。またセラピストの受容的態度は、子どもを大切な存在として扱うことを意味する。自分自身がかけがえのない存在として認められることを実感することは、誰しもがもつ本質的な欲求ではあるが、こころの悩みを抱える子

どもの多くはそうした体験が欠乏している。遊びや子どもの表現を手がかりにセラピストが子どもに関心をむけ、受容的、共感的態度を取ることで、子どもが自身を認められる体験を経て、安心感を増し、自信を得ていく。その結果、ますます自分の感情や願望を表出し、自分自身の問題への解決に取り組めるようなエネルギーを蓄えることができてくる。

　2つめは、遊びそれ自身がもつ治療的要因である。遊びとは子どもにとってきわめて自然な心的活動であり、成長、変容にさまざまな役割を果たすことは日常生活からも理解できるかと思う。遊戯療法における遊びにはそうした日常生活における遊びの成長促進機能も備わっている。また遊びの治療的機能について、弘中（2000）は、「遊び自身がリアリティをもっていること」「遊びの非言語性」「遊びの非現実性と遊びに収まること」の3点をあげている。遊びのリアリティとは、おとなにとっての遊びは余暇であり、本気ではない気晴らしであるが、子どもにとっての遊びは臨場感があり、好奇心と期待の現れであり、興奮や恐怖、緊張といった体験を経るものであり、真剣そのものである。小さい頃にかくれんぼをした時の、隠れている時のドキドキ感、これこそが遊びのもつ真剣さにつながっている。つまり遊びとは子どもにとって体験している現実そのものであるからこそ、遊びの体験を通して、現実生活の自分の問題へと向き合うことになる。

　もちろん、この現実というものは子どもにとっての主観的な現実である。遊びのなかで怪獣が町を壊すというストーリが実際に起きては子どもは困ることになる。しかし、子どもにとっての主観的現実であるがゆえに、この遊びに参入することによって、その子どもだけがもつ主観的で象徴的な世界へとアプローチすることがセラピストとして可能になってくる。そのため遊戯療法を通してこころの深い部分への変容が期待されるのである。遊びの非言語性とは、言葉ではうまく説明できない世界に浸っていることを指している。先ほどの主観的現実と同じように、その子どもだけがもつ世界に浸ることで、心的に満たされ、いやされる体験を経る。

　遊びの治療的機能の最後は、遊びの非現実性と遊びにおさまることである。

一見すると遊びのリアリティと矛盾している内容であるが、遊びとはそもそも空想やイマジネーションの産物である。そして、それは子どもにとってリアルで生き生きとした体験であるが、実は非現実のことである。砂場で町を壊した怪獣は実際には住んでいる町を壊さない。逆にいえば、実際に町は怪獣によって破壊されないからこそ、遊びのなかで町を壊すことができる。つまり、遊びが非現実であるからこそ、子どもが遊びのなかで行動を制止されず、安全に衝動を扱えるようになるのである。

　たとえば、遊戯療法中にセラピストを一生懸命チャンバラで攻撃しようとする子どもがいたとする。しかし、遊戯療法のセッションが終われば、笑顔で「先生また遊ぼうね」と言うことができる。この遊戯療法のセッションのなかだからこそ、その先生が相手だからこそ、自分の衝動を思う通りに出せることとなり、それが子どものこころの悩みを減少させることへとつながっていく。つまり、遊戯療法がもつ制限と治療構造の枠があるからこそ、遊びの治療的機能が発揮されるのである。

　日本での遊戯療法は若手のセラピストが担っていることが多い。若いゆえに子どもと近く、またそのエネルギーの強さが子どもにとっての心地よい体験へとつながることによって、良いケアへとつながる例が多く報告されているが、経験の浅い若手が担当することでの弊害もある。子どもゆえの言語的手がかりの少なさ、遊びを媒介としてケアを展開させる必要性、さまざまな視点への理解や直観力、即興力の必要性、こうしたことを遊戯療法において治療的に用いるのは若手にとっては非常に困難である。一方で、経験豊富なセラピストほど、子どもの親担当セラピストになることが多い。それは、親担当セラピストが家族全体を視野に入れながら、子どもの遊戯療法を円滑に進めるマネジメントを担い、かつ目の前にいるクライエントである親への支援を行うという役割を求められるためである。若いセラピストが遊戯療法を行う意義をふまえつつも、こうしたケアの現状を考慮した上で、今後の遊戯療法の実践が広がることを期待したい。

（駒屋　雄高）

❸ 家族への支援

1. 家族療法

　こころの問題を呈しているその人だけが問題をもっていると見るのではなく、その人は家族が抱えている関係性の問題を代表して呈示していると考える。したがって、家族療法では症状を呈して来談してきた本人をIP（Identified Patient）、すなわち「患者と見なされた人」と呼ぶ。家族メンバー間の相互の関係性を重視し、家族を人と人とがかかわり合って動いているひとつの生きたシステムとして理解するために家族の合同面接を基本としているところに大きな特徴がある。両親の喧嘩がエスカレートした時に起こる小学生女児の抜毛行動が、無意識のうちに喧嘩を止めるという役割を担っていることがある。このように、症状を起こした子ども個人のこころの問題ではなく、家族の問題を代表して引き受けて相談機関に家族を引き連れてきたという側面を重視している。

　家族療法は、1950年代にアメリカ各地で家族合同面接の実践が報告され、より直接的に家族に働きかけ、より効率的に変化を生み出す技法として発展している。特徴として、原因A（親の養育態度）によって結果B（問題行動）がもたらされるという一方向性の「直線的認識論（因果律）」にとらわれるのではなく、原因B（問題行動）によって結果A（親の養育態度）も起こりえる、つまり相互に影響を与え合うという「円環的認識論」に沿って考えるという認識論上の大きな転換があった。たとえば、子どもが不登校になると母親が動揺し父親を頼ろうとする。父親はそれを負担に感じ家庭へのかかわりが薄くなる。そのことで母親が子どもに依存し、子ども

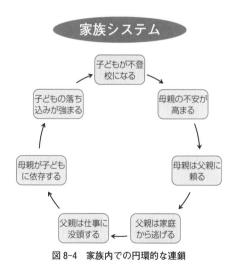

図8-4　家族内での円環的な連鎖

の登校意欲がますますなくなっていくというようなケースがある。このことは、父親、母親、子どもが相互に影響し合う円環的な連鎖をなしている関係にあるといえる（図8-4）。

　家族療法には、夫婦それぞれの実家を含む三世代以上の家族の歴史を視野に入れる多世代派、家族をかかわりの頻度やパターン、その結びつきのあり方という構造的な側面から理解しようとする構造派、今起きているコミュニケーションに注目し、悪循環が起きているコミュニケーションからあらたな行動パターンを作りだして問題を解決しようとするコミュニケーション派など、いくつかの代表的な理論モデルがある。

　以下に家族療法の代表的な概念や技法を紹介する。

　①ジョイニング

　代表的には、ジョイニングという技法があり、トラッキング（追跡）や調節・模倣を通してセラピストが家族システムに参入するために、家族のコミュニケーションのあり方や会話スタイルを取り込めるように積極的にかかわっていく。同席する家族メンバー一人ひとりの語りに共感的な理解を示し、全員に均等に味方をしていくという姿勢を重視している。

　②リフレーミング

　事実を変えずにそれをとらえる枠組みや意味づけを変えることで問題の解決に導こうとする技法がリフレーミングである。たとえば、不登校で「学校に順応できない弱い子」という見方から、「家で祖母ともめて孤立する母親を、唯一なだめている優しい子」という文脈でとらえ直すことで、親の問題に対するあらたな視点が加わり、家族全体の関係性が良い方向に変化していくことがある。

　③パラドックス

　問題を解決しようと努力すると家族が抱える事態がかえって悪化していく場合がある。その時に問題が悪いものなので、直さなくてはならないという考えから抜け出して、「問題のなかに良いものがあるからそれを続けるように」という逆説的な指示を出すことでこれまで抱えていた悪循環から解放される場合がある。言い争いが絶えない親子に対して「お互い真剣に思い合っているから

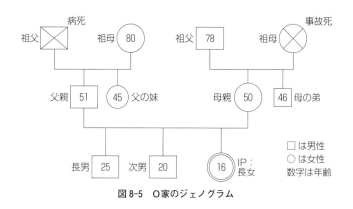

図8-5　O家のジェノグラム

こそ本音を言い合えるのであって、毎日真剣に口論をしてください」というメッセージを与える。そのことによって、口論自体がばかばかしくなったり、セラピストの指示でやっているというようにその意味が変わり結果的に言い争いが減少していくというようになったりする。

④ジェノグラム

　3世代以上の家族メンバーの構成と、その人間関係を盛り込んだ家系図作成法で、個々のメンバーの年齢や関係性、客観的な出来事などさまざまな情報を記載する（図8-5）。このことによって、症状や問題の背景にある家族のありようを視覚的にあぶりだすことが可能となる。このジェノグラムを用いて、家族システムという観点から家族内に起こっている円環的な連鎖を見出し、かつ世代間の伝達なども明らかにすることができる。

⑤多方向に向けられた肩入れと共感的応答

　ナージ（I. Boszormenyi-Nazy, 1920-2007）は家族に対して客観的中立的にかかわるのではなく、積極的能動的に共感的に理解を示し、一人ひとりと強い信頼関係を築いていくことが重要であるとしている。すなわち、目の前の家族それぞれに肩入れをしつつ、その思いを十分に汲み取り共感的応答をしていくことである。そして、お互いを非難したり敵対したりすることなくセラピーを進めることにより、家族のなかにあった不公平な関係やある特定のメンバーにかかる

負担や犠牲を明らかにし、次第に家族同士の対話が可能になるように促していく。

⑥エナクトメント（再演化）

実際のセラピーのなかで、問題が起こる場面のやりとりを家族メンバーに再演してもらい、その家族に特徴的な交流パターンや構造を把握し、変化の可能性を探っていく。子どもが自分の意見を言うのを聞くと父親がイライラし、それを見た母親が口出しをして、夫婦喧嘩が始まるという構図がわかることがある。実際に再演してもらうのが難しい場合、家族のある一場面をセリフをつけずに静止状態で表現してもらう家族造形法という技法もある。その状態がどのような気持ちかをセラピストが家族メンバーそれぞれに聞きながら、IP にとってより良い家族の状態は何かを一緒に考えていく。

このように家族療法には、家族メンバーの関係性や交流パターンの変化を促すためのさまざまな技法がある。これらの家族療法をベースにした考え方をもとにブリーフ・セラピー（短期療法）の流派につながっていった。

２．親子面接法

親子を同席させて行うのが一般的な家族療法の形態であるが、親子面接法は、親への支援も個別に行うことで子どものこころの問題の解決を促そうとするアプローチであり、小俣（2006）が詳しく解説している。子どもとの関係のなかで揺れる親側の気持ちをサポートし、安定した親子関係になるように促す援助技法である。一般的には親と子どもとをそれぞれ別々のセラピストが分担してかかわ

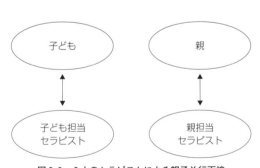

図8-6　2人のセラピストによる親子並行面接
（共同治療：collaborative therapy）
＊子ども（クライエント）面接担当者と、親面接担当者が別々に
かかわる。教育相談、児童相談の現場では、この方法がとられ
ることが多い。

る構造で親子並行面接（図
8-6）が行われることが多い。
この方法では、2人のセラピ
ストのエネルギーがひとつの
家族に注がれると同時に、2
人がお互いに知恵を出し合う
ことができるという利点があ
る。その反面、セラピスト相
互の信頼関係が不十分な場合
は難しくなるという側面を
もっている。

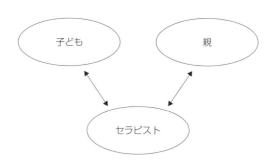

図8-7　同一セラピスト親子並行面接
（同時治療：concurrent therapy）
＊ひとりのセラピストが親子双方の面接を1対1でそれぞれ個別
　に面接する。

　そこで、ひとりのセラピストが親子それぞれの面接を個別に担当する方法が
あり、これを同一セラピスト親子並行面接と呼ぶ（図8-7）。この方法では、親
と子どもそれぞれの言い分を聴きながら、両者の調整役や橋渡し役を担うこと
ができる。子どもの気持ちを親へ、親の気持ちを子どもへ、セラピストが代弁
者となり、言葉を選びながら双方の気持ちに沿った表現で伝えていくことが可
能であり、子どもとの関係のなかで生じる親側の不安を親面接のなかで解消し
やすいという長所をもっている。子どもと話してから親に会う、そしてまた子
どもに会うことをくり返すことによって、意見や考えのすれ違う親子の関係を
円滑なものになるようにセラピストが間に入って調整していくことが可能とな
る。しかしながら、セラピストを親子が取り合ったり、セラピストが双方の感
情に引っ張られやすくなるなど、面接の枠づくりが難しいという特徴をもって
いるため、これらの課題を克服しセラピーを効果的にすすめるために、双方と
の距離がかたよりすぎないようにするなどさまざまな工夫が必要となる。
　親子面接における枠づくりの基本としては、セラピーの目標について合意を
作ることや親の協力の必要性を伝える、面接の形態や時間配分、秘密保持につ
いての取り決めをすること、そして子どもと親双方との信頼関係を作ることが
重要となる。セラピストは面接の場が子どもにとって安心できる場となるよう

に、温かい雰囲気づくりを心がけ、子ども自身が自由にふるまえるように促していく。苦しみを抱える子どもの気持ちを真摯に受け止め、子どもとの関係で悩んでいる親の苦労に敬意の念をもって接することが非常に重要である。この技法では、家族療法的な視点をもちながら、子どもとの単独面接と親子同席面接との併用、親子同席面接と親単独の並行面接との併用などケースの特性やニーズに応じてさまざまな形態を適用していくことができる。

④ 自律訓練法

　催眠を受けた人が腕に重さや温かさを感じた報告が多いことを受けて、その感覚を自己暗示によって生じさせることができ健康回復にもつながることを19世紀末に、フォクト（O. Voct, 1870-1959）が見出した。この研究を受けてドイツのシュルツ（J. H. Schultz, 1884-1970）は、催眠と暗示についての研究を始め、長い年月をかけて1932年にセルフコントロールによるリラクセーション法として『自律訓練法』を公刊した。自律訓練法では、自己暗示を段階的に練習することによって心身の状態を自己コントロールできるようになることを目指している。自律訓練法の習得によって、人前でのあがりや緊張、不安、いらいらなどが改善するだけでなく、自己統制力が上がり、仕事や勉強の能率が増したり、内省力の向上にもつながったりしていく（佐々木, 1989）。

　実際に練習を行う際には、できるだけ静かな環境を選び、腕時計やベルトなどの身体を圧迫する刺激を外し、目を閉じた状態で公式を頭のなかでゆっくりと唱えていく。姿勢は、寝た姿勢で行う「仰臥位姿勢」、椅子にまっすぐに座る「椅子姿勢」、

図 8-8　リクライニングチェア

表 8-1　標準練習の公式

背景公式（安静練習）	：気持ちがとても落ち着いている。	
第1公式（四肢重感）	：両腕と両脚が重たい。	
第2公式（四肢温感）	：両腕と両脚が温かい。	
第3公式（心臓調整）	：心臓がゆっくり打っている。	
第4公式（呼吸調整）	：呼吸が楽にできている。	
第5公式（腹部温感）	：お腹が温かい。	
第6公式（額部涼感）	：額が（心地よく）涼しい。	

そしてリクライニングチェア（図8-8）で行う「半臥位姿勢」がある。標準練習
では、表8-1の通り背景公式（安静練習）から始め、四肢の重温感、そして額
部涼感まで含めて6つの公式言語に沿って段階的に進めていく。この順序で利
き腕から両腕、そして両脚というように、ある程度の身体感覚が得られたら次
の公式へと積み上げていく。練習の際に重要なのは、無理に重くしよう温かく
しようと力まずに、ぼんやりと自分の身体の感じを眺め自然に公式の通りの感
覚がわいてくるのを待つという「受動的注意集中」という態度で取り組むこと
である。雑念が湧いてもそれを無理に取り払うのではなく、身体の各部位にぼ
んやりと意識を向けていくことで、心身の安定状態を感じるように留意する。
そして、毎回の練習の最後には、両腕の曲げ伸ばしや背伸びをして目をあける
という「消去動作」を必ず行い、しっかりと覚醒状態に戻す。

　通常は相談機関で、セラピストがいる前で実際に公式言語に沿った自律訓練
を行い、心身の状態を内省し報告してもらい、練習の進め方の具体的な指導を
行う。その上で、自宅や職場で練習できるように自己記入式のチェックシート
を渡し、練習は1日に2～3回毎日行うようにしてもらう。基本的には1週間
後に来談してもらい、課題の公式が習得できていれば、次の段階に進んでいく。
1回の練習時間は、5分程度で1回1～2分程度の練習を3回くり返し、1
セットとなる。日頃の自己練習が十分でないと、次の段階に進めない場合もあ
るので、通常標準練習の習得には、個人差があるが2～3ヵ月程度かかる。一
通りの公式を習得すると日常生活場面での効果や症状の改善などの効果がある
程度表れてくる。長い期間、練習に粘り強く取り組んでもらえるように動機づ

表 8-2　特殊練習公式の例

特定器官公式	あごが重たい、首が温かい、ふくらはぎが温かい、のどが涼しい。
意思訓練公式	
（1）中和公式	人前で話すことが気にならない。
（2）強化公式	おしっこをしたくなったら必ず目を覚ましてトイレに行ける。
（3）節約公式	いつでもどこでも酒類は一切飲まないでいられる。

けを高められるようなかかわりがセラピストに求められてくる。

　標準練習をマスターした後には、来談者個人の症状の消失や問題の解決に直接的に合わせた形のオリジナルな公式言語を作り、それを唱える特殊練習（表8-2）や、頭にイメージを浮かべてそれを応用していく瞑想練習に進んでいく場合もある。

（小俣　和義）

 5　臨床動作法

1．動作とは

　臨床動作法は、成瀬悟策によって日本で開発された技法である。ある人の脳性まひのため動かないはずの手が催眠暗示によって動いたことから、脳性まひ児・者の抱える問題は、からだは動くのに、意図通りに動かすことが困難なのだという知見が得られた。そして、意図と動作をつなぐ動作訓練が開発された。やがて、この技法が肢体不自由児・者に限らず、自閉・多動のある子どもや、精神疾患、心身症、ストレスや悩みを抱える多くの人に適用され、心理療法として効果があることがわかり、今も発展を続けている。

　臨床動作法は、「動作」を通して行う心理療法である。多くの心理療法が「言葉」を介在させたやりとりによって行う作業を、「動作」を通して行う。つまり、言葉を通して体験を変えるのに対し、動作を通してその人の体験様式を変えるのである。私たちは、いつも動作をしている。その動作の仕方は人によって違う。自分が現在している動作の仕方で世界を体験し、また、そういった体験のありよう（体験様式）だからこそ、今のような動作の仕方になっている。動作は言葉のように解釈する必要がなく、現実的でたしかな体験であることから、

動作法は、他の心理療法と比べて、クライエントとセラピストの双方が変化のプロセスを実感しやすく、現実検討力の向上に伴う達成感や自己肯定感を体験しやすい。

　さて、では臨床動作法で扱う「動作」とは何を指すだろうか。「動作」とは、「からだ」ではない。また、からだがどう動いたかという「動き」でもない。

　「動作」には、意図・努力・身体運動が含まれる。たとえば、珈琲を飲む時、何気なく珈琲を口にしているかもしれないが、実際には、珈琲を飲もう、カップを取って口元に運ぼう、そしてカップを傾けて珈琲を口に送り、それを吸うようにしながら飲み込もう、といった「意図」をもっているだろう。さらに、こぼさないようにしよう、熱いかどうかを確かめながら口に入れよう、香りを嗅ごうといったような「意図」ももつかもしれない。そして、カップに向けて手を伸ばし、指を使ってカップの取っ手を持ち、カップを口に運び……といった一連の「身体運動」を行っている。そして、この「意図」と「身体運動」の間には、「努力」がある。こうしようと思ったら、自動的にからだが動くわけではない。この時、あまりにも自然に身体運動が起こるので、あたかも自動的に起こっているように感じるかもしれないが、ほかの誰でもない、自分が意図し、努力をし、その結果としてからだを動かしている。この過程を「動作」という。

2．面接過程の組立

　臨床動作法は、「動作」というこの過程を扱って心理療法を行う。言葉を介在させる心理療法では、主に話をしながらアセスメントを行うが、臨床動作法では、言葉のやりとりもするが、主に動作をしながらアセスメントを行う。動作のアセスメントとは、静的な視点ではなく、動的な視点で行うものである。つまり、姿勢をとらえる時は、形としての姿勢ではなく、本人が力を入れている結果としての姿勢をみる。動作課題で扱う慢性緊張についても、硬い部位としてではなく、本人がいつも力を入れ続けている結果としての慢性緊張をみる。そのため、動作のアセスメントをするには、動作課題を提示して、課題に対応

するその人の動作の仕方をみることになる。

　言葉で主訴を聞き、動作をアセスメントしながら、どういった体験様式をどう変化させることが主訴の改善につながるかを考え、セッション体験の仮説をもつ。そして、その仮説に合う「動作課題」を考え、クライエントに提案する。クライエントが了承すれば、クライエントが「動作課題」を行う意図・努力・身体運動の過程をセラピストが感じ取りながら、クライエントが「動作課題」を達成するように、適宜援助を行う。

　「動作課題」にはさまざまなものがあり、基本姿勢には、臥位（仰臥位・側臥位）、坐位（あぐら坐・楽坐・長坐・正坐・イス坐）、膝立ち（両膝立ち・片膝立ち）、立位、歩行といった種類がある。これらの基本姿勢をとり、「肩上げ課題」「躯幹のひねり課題」「踏みしめ課題」などといった動作課題を行う。

3．事　　例

　もう少し具体的にイメージできるように、事例をあげよう。Aさんは、「短気ですぐにカッとなって口論をしてしまい、転職をくり返している」という主訴で来談した。「短気だから仕方ない。馬鹿にされたら怒るのは当然だ」といった発言をくり返し、徐々に語気や表情にいらいらした様子を強め、何に対してどう腹が立ったのかなど、内面に関する説明に乏しかった。セラピストは、Aさんの体験様式について、内面に目が向かないまま感情をぶちまけるという応じ方をしやすいため、内的な体験に目が向くようになれば、ほかの対処方法を選択する可能性が増すのではないかという仮説をもった。

　動作法の導入を提案すると快諾されたので、説明した上で実施した。最初は、面接室で行いやすいイス坐位での肩上げ課題を用いて、動作を行う過程の感じ（自体感）に目を向け、まずは感じをじっくりと味わうことを課題とした。イスにまっすぐに座るように伝えた時のAさんの動作特徴は、腰と胸を反り、肩を後方に開くようにして、首をまっすぐに立てる力をあまり入れずに、顎を左前方に突き出すようにしていた。脚は大きく開き、足を投げ出すようにしており、尻のやや左後方に体重をかけて、面というより点で踏んで座っていた。イスに

深く腰かけて脚を閉じ、腰や胸を反らさずに座るように促してから課題を開始した。

　肩上げ課題を実施した時のＡさんの動作特徴は、以下のようであった。課題を提示されると、何を求められているのかを検討することなく、動作を開始した。腰と胸を反らすように動かし、その後で腕を体側部に引き寄せる方向に力を入れながら、肩を少し引き上げるなど、我流で動作を続け、セラピストの介入に注意を払うことや、課題に添っているかどうかを確認することはなかった。Ａさんの自体感を聞くと、「とくにどうということもない。何を聞きたいのかわからない」と少し怒ったように答えた。自体感に注意を向けるように促した上で、さらに課題を絞り、余分な動作を使わずに左肩だけを上げる課題を行った。腕や胸などに余分な力を入れそうになった時に、セラピストが介入し、その力をゆるめるように伝えた。はじめは、そういった介入に対して急に動きを止めたり、かえって余計な力を入れたり、逆に一気に必要な力までゆるめたりする動作が見られるなど、うまく対応できないことが多かったが、まずは立ち止まって再検討できたことをほめ、投げ出さずに動作を続けるように励ましながら課題を実施した。徐々に、セラピストの介入を取り入れ、慎重に吟味しながら動作を行うようになり、左肩をうまく上げられるようになった。表情が和らぎ、セラピストに動作の過程を確認したり、援助を求めたりしながら、動作の仕方を自分で吟味しながら変え、試行錯誤をすることができていった。Ａさんは「うまくできたと思う。（セラピストの）言っていることがわかってきた」と満足した表情を見せていた。

　その後、動作法を数回継続するなかでＡさんの動作の過程は大きく変化した。ひとつは、自体感をはっきりと実感できるようになり、自分の動作の過程に注意を向けながら課題に取り組めるようになった。もうひとつは、動作の過程に目を向けられるようになったことで、吟味しながら動作を行えるようになり、セラピストとのやりとりも円滑になった。

　「かっとすることが減って、困らなくなった。前よりも人の言っていることがわかるようになった」ということで、Ａさんの面接は終了したが、このよう

な動作の変化を通して、Aさんに何が起こっていただろうか。

　自分自身の動作の過程を感じられるようになるということは、すなわち、自分がどうしたくて（意図）、どうしようとして（努力）、その結果どうなったのか（身体運動）がわかるようになるということである。それがわかると、努力の仕方を再検討し、別のやり方を選択することができるようになる、ということだ。そして、自分の体験を実感できるようになったことで、実感に基づいて、他者とのやりとりに関与できるようになったことが考えられる。動作法の過程では、Aさんの動作を介して、Aさんとセラピストがやりとりを行う。Aさんは自体感を、セラピストはAさんの動作の感じとり、その感じに基づいた推測を用いて、やりとりを行う。そういった実感に基づいたやりとりができるようになったことで、他者とコミュニケーションを取れるようになり、主訴の改善につながったものと思われる。

4．実践する前に考えてほしいこと

　最後になるが、臨床動作法を適用するにあたって大切な留意点をいくつかあげたい。言葉の心理療法も同じだが、セラピストが心理療法を行うにあたって、クライエントに有益な体験を提供する責任がある。クライエントの承諾を得ること、安心してセラピーを受けられるように細やかに配慮をすることが大切である。動作法の場合はからだにふれることがあるため（からだにふれない方法をとる場合もある）、その点でとくに留意が必要である。状況に応じて、第三者を同席させる、扉を開けておくといった配慮も必要である。

　その前に、自分自身が研修を受けて動作の過程に変化を実感すること、そして適切な援助技術を身につけることが必要である。ふれかたひとつをとっても、技術である。臨床動作法では動作を感じとる技術が要であり、書物から学んだだけで実践に及ぶのは無謀で、危険であることを留意されたい。

（歳桃　瑞穂）

6　高齢者への心理療法

1．さまざまなニーズに対応するために

　「高齢者だから、何か特別な心理療法が必要なのか」と問われれば、「必要ではない」と答えるだろう。本章で紹介されている心理療法の多くは、高齢者にも適用可能である。人は突然高齢者になるわけではなく、子どもから青年、中年へと成長して高齢者になる。「高齢者だからこの心理療法をする」といった判断ではなく、本人の抱えている悩みのありように応じて、援助者側も援助方法を検討していくのである。

　その一方で、高齢者を対象とする医療・福祉現場（病院、老人保健施設、デイサービス、特別養護老人ホームなど）において、積極的に導入されている心理療法がある。以下に紹介する回想法、音楽療法などだ。これらは高齢者専用の技法ではないが、その有効性が多数報告されている（黒川，2005，貫，2009）。

　援助場面で出会う高齢者は、こころの悩みだけでなく、身体的な疾病、失語症や認知症を抱えていることも多い。障害により自分の気持ちを表現するのが困難となり、言葉での介入が難しいこともあるため、技法の選択には注意が必要とされる。

　病院や介護施設など自宅以外の場で日常生活を送らざるをえなくなる高齢者には、日常生活の単調化・こころの不活発化が懸念される。治療目的だけでなく、こころの活性化・安定および QOL（quality of life：生活の質）の向上を目的とした、予防的なかかわりも必要とされているのだ。

　高齢者の現場には多様なニーズがあり、それらに応えるために、さまざまな取り組みがなされている。

2．回　想　法

(1)　回想法とは

　回想法は、1960 年代にアメリカの精神科医バトラー（R. N. Butler, 1927-2010）によって創始された高齢者を対象とした心理療法である。バトラーは、回想は

単なる想い出話ではなく、過去の未解決な問題を新たな視点からとらえ直し心理的な安定をもたらす重要な機能があり、専門的な働きかけにより回想を促すことは治療に役立つと考えた。

エリクソンは、高齢期の発達課題を「統合 vs. 絶望」としている。高齢期は、人生をふり返り自分が価値ある存在であったかを問う時期であり、その過程で生じる「もはや人生をやり直すことはできない」といった後悔の思いは「絶望」をもたらす。この危機を乗り越え、自分の人生を良いことも悪いこともひっくるめて肯定的に受け入れ、意味のある人生だったととらえ直すことは、高齢期の重要な課題なのである。

みずからの人生をふり返り再編集していく回想法は、「人生の統合」に近づく作業でもあるため、高齢者にとって意味のある技法のひとつであるといえる。

⑵ **回想法の実施法**

1対1で行う個人回想法と、小グループで行うグループ回想法などがある。

個人回想法は、医療現場にて臨床心理士が心理療法として実施することが多く、通常の心理面接のなかで行われることもある。

グループ回想法は、臨床心理士のみならず看護師・介護士や作業療法士などさまざまな職種が連携を組んで、病院や施設などで広く実施されている。対象者や実施場所により目的は異なり、アクティビティのひとつとして老人ホームで、世代間交流のプログラムのひとつとして地域にて実施されることもある。

ここでは、施設入所中の認知症高齢者のグループ回想法を例として説明する。6～8人の参加者に職員が2、3人加わり、内1名がリーダー役となり進行していく。導入目的は、心理面の安定、対人関係の活性化などがあげられる。回想法場面での体験が、日常生活の活性化に結びつくことも期待されている。

回想法のテーマは、参加者の性別、出身地、年代、趣味嗜好、認知障害の程度を考慮に入れて選定する。言葉だけではテーマのイメージがわかないこともあるため、具体物や写真を提示することで回想を援助していく（表8-3）。見当識障害がある場合には、桜の枝を用意し「春です。桜の季節です」と季節をはっきり示してから春にまつわるテーマに移っていくなど、工夫が必要となる。

表 8-3　高齢者を対象としたグループ回想法のテーマと刺激例

	テーマ	回想を促す刺激として用意するもの
春	学校 春の遊び	教科書、写真（校舎、運動会、体操服、ランドセル） 桜、タンポポ、つくし、写真（花見弁当、団子、桜並木、田植え作業）
6月	梅雨	傘、ゴム長靴、アジサイ、お手玉、おはじき
夏	夏の食べ物	スイカ、かき氷、綿がし、うちわ、ヒマワリ、ホオズキ、写真（扇風機、夏祭り）
秋	秋の食べ物	さつまいも、柿、モミジ、写真（紅葉、稲刈り）
冬	年末・正月 冬の過ごし方	南天、写真（お雑煮、お節料理、正月飾り、餅つき） 湯たんぽ、雪、写真（炬燵、火鉢、囲炉裏）

　日常場面ではまとまらない訴えをくり返し、人の話が耳に入らない参加者が、回想法では穏やかな表情を見せ、他者の回想をうなずきながら聴くなど変化を見せていくことも多い。とくに記憶障害のため不安感が高い場合、過去の回想を語り他者と共有することは自分を肯定する体験につながっているといえよう。

　リーダーは、感情が動かされるような回想を促し、自尊心・自己効力感の向上を図り、参加者同士の交流を促していく。単なるお茶会にするのではなく、見立て・目的に基づいたかかわりが必要とされる。

　認知症を患ってからの対象者しか知らない職員にとっては、それ以前の対象者の人生を知り、理解を深める貴重な機会ともなっている。

3．音 楽 療 法

　音楽療法の歴史は、呪術的に音楽を利用していた原始時代にまでさかのぼるが、「音楽療法」として体系化されたのは、1950 年代アメリカにて戦争帰還兵の心身症治療に用いられてからであり、日本には 1970 年代に導入された。

　日本音楽療法学会は、音楽療法を「音楽のもつ生理的、心理的、社会的働きを用いて、心身の障害の回復、機能の維持改善、生活の質の向上、行動の変容などに向けて、音楽を意図的、計画的に使用すること」と定義している。

　高齢者に対する音楽療法は病院や老人ホームなどで、1 対 1、あるいはグループ形式で実施されている。①実際に歌う、②音楽に合わせてからだを動かす、

表 8-4 軽度・中度の認知症高齢者を対象としたプログラム

あいさつ	見当識訓練
軽体操	動かしていない身体をほぐす
呼吸・発声	肺機能や腹筋の強化となる
導入の歌	身体のリラックスとスキンシップを図る
季節の歌	季節感を歌から感じる
なつかしい歌	長期記憶を刺激し、過去を回想する
ゲーム（ダンス）	脳の賦活化と短期記憶の訓練（ダンスはその発散）
リズムの練習	ベルを使用する
ベルの合奏	仲間と連帯感を強め、社会性を強化する。集中力を回復できる

（篠田・高橋，2000 より作成）

③楽器を演奏するだけでなく、④音楽を聴いてもらうこと、も音楽療法に含まれる。篠田・高橋（2000）は、軽度・中度の認知症高齢者に有効と思われるプログラムを示している（表8-4）。

重度の認知症高齢者や終末期でターミナルケアを必要としている高齢者にも導入できるところが、音楽療法の大きな利点である。

4．その他の心理支援法

周囲からの働きかけには関心を示さず、時には激しく拒否をしている高齢者が、花にだけは関心を示す場合がある。その時、花を提供し、一緒に生け花をする。「花に関心を示す人」だと気づいたところから（正確には、どうやったら対象者とかかわることができるか探していたから気づくことができたのだが）、かかわりはスタートしていく。

これは花に限ったことではない。たとえば「野菜づくり」「麻雀」「読書」「編み物」「茶道」「書道」「俳句」「化粧」などあげればきりがないが、これまでの人生のなかで親しんできたことを、現在の居場所（病院や施設）に取り入れて療法的に働きかけていくことも、心理面の安定・活性化などの効果をもたらす。

園芸活動（花や木を眺めたり、育てたり、作った野菜を食べたりといった活動）を積

極的に治療場面に導入する園芸療法は、高齢者にも受け入れやすいものであり、主に医療・福祉現場で実践され、その効果が報告されている（グロッセ，2003）。

　また、施設利用中の高齢者に化粧プログラムを実施したところ、認知症女性高齢者の抑うつ状態の改善と気分の活性化などに効果があった（伊波・浜，1993）。鏡を見て自分だと認識できないと、化粧による変化をとらえることは難しい。その場合は、手指にマニキュアを塗るなど、化粧による変化が見えやすい形で提供する工夫が必要である。

5．おわりに

　本節では、高齢者に導入されている各種療法を紹介してきた。それらの療法すべてに共通して重要な点は、心理療法と意識してこれらを導入する点である。うっかりすると、ただのアクティビティになってしまう可能性があるからだ。

　5章でも述べられているように、心理的アセスメントに基づいたかかわりが必要とされ、効果を把握するための記録・評価方法の検討が常に行われなければならない。

（川瀬　里加子）

 集団療法（グループアプローチ）

1．集団療法（グループアプローチ）とは

　グループアプローチとは、「自己成長をめざす、あるいは問題・悩みをもつ複数のクライエントに対し、一人または複数のグループ対象者が、言語的コミュニケーション、活動、人間関係、集団内相互作用などを通して心理的に援助していく営み」（野島，1999）である。それには、グループサイコセラピィ（集団心理療法・集団精神療法）、グループカウンセリング、グループワーク、集中的グループ体験などが含まれるが、現在は集団療法という表現がグループアプローチの総称として用いられることが多い。

　集団療法は、個人療法と違い、集団力動により個人の成長や治療が促されるところに大きな特徴がある。具体的には、①他者交流を通して情報交換や観察

学習、対人スキルが獲得される、②同じ悩みや特徴をもつ集団に所属し助け合うことで安心感や自尊心の回復が促進する、③相互作用により成長・治療意欲が増す、などの効果があると考える。ほとんどの人が社会のなかで生活している、またはしようとしていることをふまえると、より日常生活に近い現実的な心理療法として位置づけられ、具体的かつ直接的な心理的援助ができるというメリットがあるだろう。一方、成長や治療を妨げるような対人トラブルや傷つきなどが生じる可能性もあり、常に観察し配慮をしていく必要がある。

2．集団療法の歴史

　集団療法は、1905 年に内科医プラット（J. H. Pratt, 1872-1956）が結核患者を集めて講義やミーティングを実施し、導入しなかった患者よりも闘病意欲や治療効果が高まったことを報告したことから始まるとされている。その後、他の疾患をもつ患者にも効果があることが明らかにされていった。

　心理療法としては、1910 年以来、精神科医モレノ（J. L. Moreno, 1892-1974）が即興劇の心理的効果から心理劇を提唱し発展させたことに始まる。1930 年にはスラブソン（S. R. Slavson, 1890-1981）が集団療法に精神分析の理論を取り入れ展開した。第二次大戦中には、アメリカで戦争神経症の患者の治療や社会復帰の援助としても実施された。その後、1946 年に T グループが生まれ、グループを教育や心理的成長のために用いる集中的グループ体験が広まった。1960年頃にはロジャーズがベーシックエンカウンター・グループの効果を見出し、人間性回復運動のなかで盛んに行われるようになった。

　日本では 1950 年頃より集団療法の研究が始まり、T グループ、ベーシックエンカウンター・グループ、ゲシュタルトグループ、構成的グループエンカウンター、交流分析グループ、自助グループ、家族療法などが盛んに行われた。1988 年にはリバーマン（R. P. Liberman, 1937-）が認知行動療法を背景とする SST を紹介し、近年は保険診療に組み込まれ、全国的に普及するに至っている。現在ではさまざまな集団療法が発展しており、エビデンスが蓄積されつつある。

3．集団療法の形態

　集団療法の対象者は、子どもから高齢者まで幅広く、身体・精神疾患をもつ人や当事者の家族、教育を受ける人など目的によりさまざまな人が参加できる。その適用範囲も医療、教育、更生施設、産業領域など多岐にわたっている。

　集団のサイズも、10名未満の小グループから数十名に及ぶ大グループまで多様である。形式は、開始した当初のメンバーで継続するクローズドグループと、途中からメンバーが新しく参加できるオープングループがあり、期間や場面設定なども含めて、目的や対象者の状態に応じて設定される。

　集団療法を進行する担当者は、立場によりセラピスト、リーダー、ファシリテーターなど、さまざまに呼ばれる。進行以外のスタッフは、進行の補助、参加者の立場での参加や援助など、場合に応じた役割を担う。レヴューの場を設けて、情報の共有や、評価、実施における課題などについて話し合うことは、個々の状態や変化をより多面的に評価する手助けとなり、集団療法の質を向上させるのにも役立つ。また、集団療法と並行して個別面接を実施することも、集団のなかの個々を支援するのに効果的である。

4．さまざまな集団療法

　集団療法の種類は対象者や目的に応じて多種多様であり、既出の回想法、園芸療法、音楽療法なども集団療法として実施されることがある。また、精神科病院にてリハビリテーションとして導入されるデイケア、病棟で実施されるグループワークや作業療法も集団療法のひとつであり、9章1節を参照されたい。ここでは、代表的な4つの集団療法を取り上げ、以下に紹介する。

⑴　心理劇（サイコドラマ）

　即興的なドラマ表現を通して、個人の自己理解や自己洞察を促すことを目的としている。背景となる理論は、自発理論、役割理論、行動理論、認知行動理論などの折衷主義である。教育を目的とし30名以上の大グループでも実施可能であるが、援助を目的とする場合は10名前後が適当である。問題を表現する演者（主役）、演者の気持ちを汲んで働きかけや表現をする補助自我、演者と

同じ気持ちになって動きを見たり時に参加する観客、セラピストや教師など心理劇の進行と運営を司る監督で構成される。場面設定は必要に応じて自由に作られ、舞台となるスペースで行われる。基本的には、ウォーミングアップ、ドラマ、シェアリングでセッションが構成される。監督が使用する具体的技法は大きく３つあり、他者の感情を理解するため役割を交換する役割交換法、もうひとりの自分（ダブル）により主役が気づかない気持ちを明らかにする二重自我法、補助自我が代わりに主役を演じることで客観的視点を促す投影法がある。

⑵　エンカウンター・グループ

ロジャーズがカウンセリングの訓練を契機に始めたエンカウンター・グループは、個人の心理的成長と対人コミュニケーションの改善を目的としたグループ体験である。自己概念の変化、自己の可能性の実現化、新しい生き方の選択などの変化が生じるとされている。１〜２名のファシリテーター（促進者）と10〜15名ほどのメンバーで構成される。セッション内容は事前に用意されず、参加者の内面的交流を中心に進められる。集中的に２〜３時間ほどの長さで設定され、宿泊形式で行われることが多い。場所は、日常生活場面から隔離された環境で、ゆっくりと自分のことに集中できる時間と場所を準備する。なお、事前にルール、トピック、エクササイズなどを決めて行うものとして構成的グループエンカウンターがあり、プロセスがわかっているため安心感があり、より安全な方法として学校教育現場で実施される傾向が強まっている。

⑶　Ｔグループ

レビン（K. Lewin, 1890-1947）の着想により始まったＴグループ（Human Relations Training）は、"いまここ"に生じているプロセスに気づき、自分と他者のあり方や状況について吟味することを通して、より適切に行動できるようになることを目的とする。対人感受性や対人関係を学ぶための体験学習であり、健康な人を対象に実施されている。基本的なセッションは、２名のトレーナーと８〜10名の参加者が丸く着席し、90分程度自由に話し合うことをくり返す。多くの場合は１週間程度の宿泊研修の形をとる。エンカウンター・グループ同様に日常生活場面を離れることによって、日常性そのものを再吟味することが

可能になるとされる。

⑷ Ｓ Ｓ Ｔ

リバーマンが考案したSST（Social Skills Training）は「生活技能訓練」と訳され、社会生活や対人関係の改善を目的とする。精神障害の増悪あるいは改善は、脆弱性・環境からのストレッサ・対処技能の3つで決まると考えるストレス―脆弱性―対処技能モデルに基づいている。現在では精神障害者に限らず、社会生活や対人関係の改善を目指す、すべての人に効果があるとさ

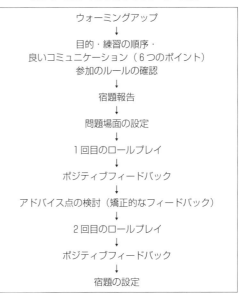

表8-5　SSTの基本的なセッションの流れ

ウォーミングアップ
↓
目的・練習の順序・
良いコミュニケーション（6つのポイント）
参加のルールの確認
↓
宿題報告
↓
問題場面の設定
↓
1回目のロールプレイ
↓
ポジティブフィードバック
↓
アドバイス点の検討（矯正的なフィードバック）
↓
2回目のロールプレイ
↓
ポジティブフィードバック
↓
宿題の設定

れる。個人療法としても実施できるが、集団療法の場合は10名前後の参加者と援助者であるリーダーとコリーダーで構成される。実施にあたっては、参加者の総合的なアセスメントにより課題を設定し、効果の評価を行う。問題を解決するための行動の選択肢をあげ、長短を吟味し、技能の習得を目指す問題解決技能訓練に展開することもある。　　　　　　　　　　**（大髙　基恵子）**

8　その他の心理療法

1．ブリーフ・セラピー（短期療法）

催眠療法の大家であるエリクソン（M. H. Erickson, 1901-1980）の影響を受け、発展した心理療法で、クライエントの資質を最大限活用して、できるだけ効率的にセラピーを行うことを重視している。考え方の特徴としては、家族療法からの流れも受けて、こころの問題を原因探しから問題解決にシフトしたことに

ある。原因探しは結局、悪い状態を維持し固定するだけになりがちであるが、解決という未来に焦点を当てることで、問題は固定しておらず、小さい変化にも気づくことができ、ダイナミックに変化を促すことが可能になっていく。技法としては、「もし、ある朝奇跡が起きていて問題が解決していたとしたら、どうなっているか」という問いを発して、未来の良い状態をイメージしてもらうミラクル・クエスチョンや、「あなたの元気な状態を 10 点、最悪の状態を 0 点とすると今は何点ですか」と細かい変化を感覚的にとらえるための質問をするスケーリング・クエスチョン、すでにできている部分に注目し問題が固定化されていないことに気づきを促す例外探しなどがある。

2．交流分析

　米国の精神科医であるバーン（E. Berne, 1910-1970）が開発した技法であり、「互いに反応し合っている人々の間で行われている交流を分析すること」を目的としている。交流分析で最も大切にするのは、個人の自律性であり、自分の能力に気づき、本来の自分を実現できるように次の 4 つの分析を通して援助を行っていく。①構造分析では、パーソナリティの特徴をとらえることを目的とし、こころのなかに親（P）、おとな（A）、子ども（C）の 3 つの自我状態があり、状況や各個人によって優位となる自我状態が異なると考え、エゴグラム（新版 TEGⅢ）などを用いて分析する。②交流パターン分析は、P、A、C 間のベクトルを用いて、二者間のコミュニケーションのありようを分析する。また、円滑な交流である相補的交流とかみ合わない交流の交叉的交流、さらには表向きのメッセージと違う裏面的交流など、さまざまなパターンで交流していることに気づいていく。そして、③ゲーム分析では、悪循環に陥った対人関係のパターンを分析し、④脚本分析においては、これまで歩んできた人生のプロセスを分析し、より建設的な「脚本」に書き換える決断を促していく。新しい脚本に基づいて人生を歩めるように援助していくことが交流分析の目標となる。

表8-6　森田療法の4つの段階

第1期：絶対臥褥期	食事や洗面、入浴以外の活動は一切禁止され、一日中臥床し苦悶に直面する。
第2期：軽作業期	掃除、草取り、手仕事、部屋整理の軽作業をするが、談話や外出は禁じられる。
第3期：重作業期	木工、耕作、畑仕事、庭掃除など、仕事に対する成功の喜びを反復する。
第4期：生活訓練期	外出や他者との交流も含めて、実際の生活に順応できるように準備をする。

3．森田療法

　日本独自の心理療法として森田正馬（1874-1938）により1920年頃に創始されたものである。森田療法では、症状は直接取り合わず、過去や無意識を分析しない。治療の目標としては、「こうでなければならない」というとらわれから脱して、「あるがまま」の自分を受け止め、自然服従の生き方を身につけて、生への躍動を体得することである。そのために、原則的には専門の施設に約40日間入所し、表8-6の4つの段階をふんで、回復を目指す。今日では、学習会など通院しながら森田療法を受けることも可能になっている。

4．内観療法

　浄土真宗の一派に伝わる修行法の「見調べ」をヒントに吉本伊信（1916-1988）が開発した日本独自の心理療法である。刺激の少ない静かな部屋で楽な姿勢で座り、3度の食事と入浴、就寝を除き、ひたすら集中して内観する。内容としては、①してもらったこと、②してかえしたこと、③迷惑をかけたことについて、それぞれ母親、父親、配偶者、友人、きょうだい、子どもなど生活史上でかかわった身近な人に対して、実際の場面を思い出しながらつぶさに思いを馳せていく。そのことによって、自分が多くの人々に支えられ、世話になってきたことに気づく一方で、相手からの愛情を自覚せずに迷惑をかけていることのほうが多いことを認めざるをえなくなる。次第に後悔の念と感謝の気持ちが深くなり、これまでの自己中心的な態度から脱却できるようになる。内省力も高まるため、非行や犯罪者の更生にも有効な方法である。

（小俣　和義）

心理的援助を生きたものにするために

　心理的援助を実際に行う場合、とくに学び始めたばかりの頃は、具体的にどうすればいいのかと戸惑い、困ることがある。そのような時に、どうするだろうか。きっと多くの人は、学生の時に学んだことや知識を使って、とにかく目の前のクライエントを助けようとするだろう。たとえば、共感的な理解を示すためにクライエントの言葉をそのまま伝え返したり、相手の話を一生懸命に聞こうと"傾聴"するだろう。では、学んだ技法をそのまま再現すれば、心理的援助は十分されているといえるのだろうか。

　私は大学院生の時に、はじめて心理相談室でケースをもった。はじめてで「とにかく役に立たなくちゃ」という気負いがある一方で、「自分にできることはあるのだろうか」という不安もあった。そのような心持ちだったので、面接が始まるまでの数日間は、今まで自分が学んできたことを総復習し、専門書も数冊読んで当日に備えた。とにかく自分のもっている知識をフル活用して頑張ろうと準備をしていた。

　面接初日、不安はありながらも、「自分のもてる力を最大限発揮するぞ」という気持ちでクライエントのAさんにあった。Aさんは面接室に入ると、緊張しながらもポツポツと自分のことをお話しされた。私は心のなかで「Aさんの話をちゃんと聞くぞ！傾聴、傾聴」とくり返しながらAさんの話を聞いていた。その後も、Aさんは毎回約束の時間に来てくださり、私自身は面接が順調に進んでいる感じがしていた。

　しかし、数回目の面接の時であった。Aさんがご自身の辛い状況を語っていて、私もいつもと同じように"傾聴"を心がけて話を聞いていた。しばらくして急にAさんの話が止まった。そして少し間を置いてから勢いよく「私の話聴いていますか？」とAさんが尋ねた。その言葉を聞いた途端、私は大変ショックを受け頭が真っ白になった。その後は何とか面接の時間を終えることができたが、面接終了後になぜあのようにAさんが言っていたかについてを考えずにはいられなかった。「とくにAさんの話を遮ることなく"傾聴"は心がけていたつもりだし……」と自分の行動を何度も何度もふり返っていた時にハッとした。私は面接中に自分が"傾聴"しているか否かばかりを考えていて、Aさんの話よりもセラピストである自分に関心がいっていたのである。つまり、Aさんはセラピストの私に話をしに来ていたのに、セラピストである私はAさんよりも自分に関心を向けていたのだ。その瞬間、大変恥ずかしい思いとAさんに対しての申し訳ない思いが込みあげてきた。そして、もしかしたら次回の面接にAさんは来ないのではないかとさえ思った。幸いにも、次の回Aさんは私のもとを訪

ねてくれたので、私は"私が傾聴をしているかどうか"ということよりも、とにかくＡさんの話す言葉を全力で聴くことに徹した。Ａさんから何か言葉をもらったわけではなかったが、その後の面接にも通い続けてくださり、Ａさんの状態もよくなったのは、話を聴いてもらえたという感覚があったからだと思っている。

　不安や緊張などはあったとはいえ、心理的援助の技法や方法ばかりに目を奪われていた私にとって大変貴重な体験であった。

　心理的援助とはある決まった技法や知識をマニュアル通りに行うことではない。必要な技法を高めて学びを深めることも大切だが、そればかりにとらわれて、目の前のクライエントに対するセラピストとしての自身のあり方を忘れてはいけないのである。学びを深めることと、クライエントと一緒にいる自分自身のあり方の両方が噛み合ってこそ、生き生きとした心理的援助ができるのではないだろうか。

（札本　桃子）

学びのポイント ＜第Ⅲ部＞

・他者との信頼関係を築くための肯定的配慮を心がける。
・心理的援助の基本姿勢を身につける。
・代表的な心理療法の考え方と技法について理解を深める。
・それぞれの心理療法のなりたちと展開を理解し、実際のすすめ方を知る。
・言語面接のほかに、芸術や遊び、動作を媒介とした援助技法にふれる。
・子ども、おとな、高齢者、家族、集団など、対象に合ったアプローチを学ぶ。

第9章

公認心理師と臨床心理士の 仕事の実際

 保健医療分野：病院やクリニック、保健所での支援

　心理職の勤務状況を問う「臨床心理士の動向調査」（日本臨床心理士会，2016）によれば、臨床心理士全体の 41.9％が病院、あるいはクリニックといった保健医療分野に勤務している。つまり、こころの専門家が従事する割合が非常に高い領域だといえる。

1．精神科病院

　精神科病院とは、精神科・神経科を標榜する入院施設のある病院のことで、なかには病床数 500 以上の病院もある。数十年前の病院（とくに急性期患者が入院する閉鎖病棟）の窓には格子があり、入口は施錠されるなど物々しい雰囲気であったが、現在では明るく開放的な病院が増えている。病棟をもたない精神科クリニックに比べて重症の患者にも対応できること、統合失調症患者の占める割合が比較的多いことは特徴のひとつであるが、通院する患者はうつ病や躁病のような気分障害、パーソナリティ障害、アルコールや薬物の問題、認知症まで幅広く、地域に開かれた病院になっている。

　単科の精神病院では医師や看護師などの医療スタッフのほか、栄養課や管財課、医事課、総務課といった事務部門にも多くの職員が働いている。しかしながら、常勤の心理職は 1 名から数名しかいないところも珍しくない。病院の方針によって仕事内容は異なるが、精神科病院の一例を紹介しよう。

　心理職の主な仕事は外来でのインテーク面接や心理検査、心理療法である。はじめて受診した患者に対して、医師の診察の前に主訴や現病歴、既往歴、家

族構成の概要を聴取するインテーク面接は心理職や精神保健福祉士が担当する。インテーク面接は短時間で患者の問題を把握することが必要で、幻覚妄想状態の患者が入院目的で紹介されてくることもあるだけに、特別な難しさも伴う。インテーク面接では心理療法と違って数多くの面接をいわば広く浅く担当することになり、それぞれの疾患にまつわる共通性と個別性に直接にふれることができる。

　心理検査（6章参照）は心理職の主要な仕事であるが、精神科病院の対象は主に思春期以降であるため、幼児や児童の発達検査をすることは少ない。中心となる検査は精神病との鑑別を目的とした検査、知能検査やパーソナリティ検査、神経心理学的検査などで、医師からのさまざまな依頼に対応する。臨床心理学の専門知識だけでなく、精神病理や薬物の基礎知識も必要である。心理検査を担当した患者に対して続けて心理療法を担当する場合は、検査と心理療法がいわば有機的に働くことになり、心理職の立場からは、アセスメントの妥当性をみずから検証する機会ともなる。

　精神科病院に付属するデイケア施設は入院患者が退院後に通所する施設で、医師、看護師、作業療法士、精神保健福祉士、心理職のスタッフで運営されている。スポーツや園芸、コーラスのようなレクリエーション的プログラム、料理のような生活支援のプログラム、また心理教育やSST（Social Skills Training）のプログラムなどが準備され、生活リズムを整えることから再発防止、社会復帰に向けての支援が行われる。とくに心理教育は、患者や家族が疾病について理解を深めることで再発予防につなげるプログラムである。

　デイケアでの心理職の活動はどのようなものだろうか。デイケアのプログラムは集団療法（8章7節参照）であり、たとえばスポーツのプログラムで一緒に卓球をしながら、その人の身体の動き、体力、他者への気配りや自己主張のありようなどを観察する。構造化された心理療法場面とは違った、集団のなかで現実に生活するその人を理解することができる。そして必要があれば、具体的・直接的な介入も行う。通所者の問題をアセスメントし、かかわることはまさに臨床心理学的支援といえるだろう。

また、通所者自身が仲間とのかかわりから学ぶこと、スタッフが自然なモデルとなり、挨拶や他者とのやりとりを身につけるなど、疑似社会としてのデイケアの役割は大きい。近年では、うつ病患者を中心にしたリワーク（復職支援）のプログラムを提供する施設が増えている。リワークプログラムとしての認知行動療法や、SST に心理職が加わることもある。外来で行われる心理療法とは違った枠組みのなかで、通所者の相談に乗ることも多い。

　心理療法は週に 1 回から 2 週間に 1 回程度の間隔で主治医の診察に合わせて予約されることが多い。面接時間は 30 分から 50 分程度で、患者の状態に合わせて時間を決める。極端な場合、クリニックの非常勤の心理職は心理療法だけを担当する場合もあるが、精神科病院の常勤職では、外来での仕事以外にもデイケアプログラムへの参加や病棟でのさまざまな活動が含まれる。

　病棟では、可能な限り看護師による朝の申し送りにも出席し、病棟全体の様子を把握して、病棟という環境の影響を考慮しながら患者にかかわる。緊急入院があった翌日の病棟は全体が落ち着かない雰囲気のこともある。患者の状態がそのような雰囲気に影響されたものであることも少なくない。心理職は入院患者の心理検査も担当する。入院して間もない患者を担当する時にはとくに注意が必要になる。活発な症状が入院により落ち着いたように見えても、ロールシャッハ・テストのような刺激の強い検査は、患者を不安にし状態を悪化させることもあるからである。検査後も状態に変化がないか、看護師との連携も欠かせない。

　入院患者の心理療法では、慢性期の統合失調症患者を対象とする場合は内面を掘り下げるような心理療法ではなく、日常生活を維持するための心理療法が求められる。心理職は自分の目指す心理療法とは別に、担当する患者の病態に応じたアプローチも学ばなければならない。

　病棟での集団療法・芸術療法は、リハビリ的・レクリエーション的な意味合いが大きい。デイケアと同様のプログラムにスタッフとして参加したり、作業療法の一環としてお花見や運動会などの行事もある。そういった行事を楽しみにする人もいれば、まったく参加しない人もいる。統合失調症の陰性症状には

自発性や意欲の低下があり、それらを改善し生活の質を高める援助もまた臨床心理学的援助である。

　精神科病院で働く心理職の一日は、インテーク面接や心理検査、心理療法、デイケアや作業療法のスタッフとしての仕事など多彩なスケジュールが組まれている。実施した心理検査の解釈、報告書の作成はもちろんのこと、心理療法の記録、医師との連携も重要な仕事である。心理職の仕事といえば心理検査や心理療法と思われがちであるが、患者と対している時間だけが心理職の仕事ではない。いろいろな専門職が集まるカンファレンスも開かれ、多面的な心理臨床に携わることができることは精神科病院の特徴であろう。**（馬場　史津）**

2．総合病院（職域総合病院含）

　総合病院とは、内科や外科、眼科、耳鼻科など多数の診療科をもつ病院のことである。したがって、精神科・心療内科以外の医師とチームを組んで仕事を行う場合が出てくるのが、総合病院で心理職の仕事の大きな特徴である。

　近年、マスメディアを用いたうつ病などの啓発活動の広まりにより、精神科の敷居が低くなってきているとはいえ、まだまだ精神科受診には抵抗を感じる人が多くいることも事実である。不眠や頭痛、腹痛、めまい、身体の痺れや腰痛などの症状で内科や脳神経外科、整形外科などを受診し、結果として身体には異常がなくストレスが原因と思われる場合でも、主治医の判断によっては精神科にリファーするのではなく、対症療法を行いながら並行して心理面接を行っていくことがある。

　総合病院における心理職の主な仕事の内容は、外来や病棟の予診や心理検査、心理面接や集団療法、心理的問題を抱えている患者のカンファレンスへの参加など、精神科病院と大きな違いはなく、他職種と連携をとって動かなければならないことも同じである。連携をとる相手としては、医師、看護師、作業療法士、理学療法士、言語聴覚士、精神保健福祉士、医療ソーシャルワーカー、医療事務スタッフなどがいる。総合病院では連携をとる相手が精神科領域になじみのない人であることも多く、精神科としての知識や常識、気遣いを身につけ

ているとは限らないため注意が必要である。また、場合によっては、学校や職場、児童相談所、保健所、障害者支援センターや地域の作業所、授産施設など、院外の機関・施設とも連携をとることになる。患者の家族との連携も、患者と医療との関係の質を高めるために重要であることがある。

　総合病院と一口に言っても、精神科外来・病棟のあるなしや、職域病院であるかどうかなどにより、心理職に求められる役割は変化してくる。

(1)　精神科のある総合病院

　精神科のある総合病院では、多くの場合、精神科の医師の下で活動することになる。他科との連携についても、基本的には他科の医師から精神科の医師に依頼が出され、精神科医師の指示を受けて心理職が動くことになる。しかし、前述の通り、精神科受診に抵抗のある患者には、他科医師からの直接の依頼を受けて心理面接を行うこともある。

(2)　精神科のない総合病院

　精神科のない総合病院では、精神科医療やメンタルヘルスに関する専門家が心理職しかいないという状況が多い。したがって、活動にあたっては、精神科医療的な見立てをする力、心理療法の見通しを立てる力、それを専門用語を用いずに非専門家に伝える力など、ある程度の力量が必要になってくる。

　身体科を受診してきた患者で、精神疾患が疑われる、もしくは精神的な問題が症状にかかわっていると医師が判断した場合に、面接や検査を通じてアセスメントを任されることになる。その結果について担当医に報告し、精神科のある病院への紹介が必要かどうか、心理面接等で対応可能かどうかを検討していく。他病院への紹介になる場合は、医師の紹介状のほかに、心理職としての所見を書いた文書を送ることもある。

　また、身体科医師向けに、わかりやすく具体例を用いた精神疾患の紹介や、心理検査の内容の紹介、心理面接の概要の説明を行っておくと話がしやすくなり、声をかけてもらいやすくなる。このような院内での情報発信も機会を見つけては積極的に行っていくべき仕事のひとつである。

(3) 職域総合病院

ある職域の人のために運営され、職業の特性をふまえた診療を行う病院を職域病院という（たとえば、警察病院や自衛隊病院など）。職域総合病院では、うつ病などの精神疾患による長期休職者に対し、個人面接のなかで復職プログラムを作成したり、模擬職場を用いて復職訓練を行ったりといった産業領域の仕事も行う。医療と組織の間に立ち、職場と連携をとりつつ、スムーズに復職が果たされるように支援を行うのである。

また、治療としての心理面接のほかに、健康上の心配事や人間関係、仕事の内容や、家族に関する相談などのよろず相談的な窓口も心理職が担当していることがある。こういった相談では、債務（借金）問題や、パワーハラスメント、セクシャルハラスメントなどの相談がもち込まれることもあるので、クライエントのニーズに合った、組織内の専門窓口や公的機関の使い方などを紹介する。

(4) 教育活動について

さまざまなスタッフのいる総合病院では、職員向けの心理教育や勉強会を依頼されることも多い。内容は、対象や依頼者によっていろいろであるが、精神疾患について、自殺予防について、職員間や困った患者とのコミュニケーションのとり方についてなどがある。とくに精神科のない総合病院では、「精神的不調を抱えた人への対応は、よくわからないし苦手である」と思っているスタッフが多いが、少し知識があるだけで随分不安が取り除かれるものである。人格障害や発達障害などの対応に苦慮するようなケースを紹介しておくと、実際に対応に困ったスタッフから相談してもらえ、連携の幅が広がっていくことになる。

また、職域病院では、依頼に応じて各事業所まで出向き、うつ病や自殺予防などについてのメンタルヘルス教育を行う。職場に精神疾患の知識をある程度もってもらうことで、職場サイドの「なんだかよくわからないもの。へたに手を出して悪化したらどうしよう」という精神疾患に対する不安が少なくなり、適切な人事対処を行ってもらえるようになる。復職訓練時なども、職場の理解があるとスムーズに進みやすくなる。

以上、総合病院における心理職の主な仕事について紹介したが、ここで紹介した内容はごく一般的な部分にすぎない。実際は、心理職はその病院の性質や雇用形態により、産婦人科や新生児科から認知症病棟や末期医療の現場まで、つまりは人の誕生から死まで、非常に幅広い分野でいろいろな形で人にかかわり、活躍している。これらの仕事内容は、今後、心理職の社会的な立場の変化や、周囲からの理解が進んでいくことにより、さらに多岐にわたることになっていくであろう。 　　　　　　　　　　　　　　　　　　　　　　　（五十嵐　徹）

3．精神科クリニック

　クリニック（診療所あるいは医院とも呼称される）とは入院用の病床数が19床以下の医療施設を指す。20床以上になると前項で紹介した病院と呼ばれる。つまりクリニックとは、外来診療を中心とした医療機関であり、ビル内の1フロアにあったり、一軒家を改造したような構造になっていたり、その形態はさまざまである。内部構造としては、外来の待合室があり受付や会計窓口、そして診察室、面接室、さらにデイケアというグループ活動を行う部屋が併設されているクリニックもある。心理職が働くクリニックは、精神科のみならず、心療内科、小児科、皮膚科、歯科など、さまざまな標榜科にわたっている。本節では、筆者が勤務している経験からも含めて精神科・神経科を標榜する単科のクリニックでの臨床実践について紹介したい。

　精神科クリニックでは、医師や看護師のほかに、心理職、精神保健福祉士（PSW）や作業療法士（OT）、医療事務などのスタッフが勤務している。来院者は、うつ病や統合失調症、神経症、摂食障害、人格障害、アルコール依存症など、医療的なケアを求める方たちである。そのほかに、親子関係、夫婦関係、学校や職場での人間関係など、こころの問題や悩みを抱えている方が対象となる。年齢は、学童期から高齢の方までその対象は幅広いが、小児科ではないので乳幼児への治療を行うことは少ない。また、急性期の精神疾患を抱えていたり、興奮状態で自傷他害のおそれがあるようなケースは、入院設備のある精神科病院に紹介し、そちらで対応してもらうこととなる。

精神科クリニックにおける心理職のおもな業務としては、インテーク面接、心理検査、心理面接（心理療法）がある。さらには、デイケアスタッフとしての活動や就労支援に向けてのグループ活動、受付業務、電話応対、公費書類の作成補助など、クリニックによってさまざまなものが含まれる。予診とは、はじめて来談した患者に対して、主訴（いちばん困っていること）や来談動機、問題に至る経過、家族構成や生活歴、既往歴（これまでにかかった心身の病気）などについて医師の診察の前に話を聴いて診察に必要な情報を収集していくことである。その際には、患者の訴えに耳を傾けて話を引き出す作業とともに、内面にふみ込みすぎずに必要な情報を整理するという一見相反する作業を同時に行うことになる。そして、相手が話したことの要点を整理し、一定の時間内で文字にしなければならないので、これらの技術を身につけるまでにはかなりの訓練を要する。

　心理検査は、病態水準の見極めや性格特性や環境への適応能力の把握、精神病との鑑別など医師からの依頼に応じて、テスト・バッテリー（6章5節参照）を組んでいく。精神科クリニックでは精神科病院に比べて比較的症状が軽い状態で来談する患者が多いのが特徴であり、精神病圏の病態であっても明らかな病的症状や逸脱行動、人格水準の低下などが表れていない場合があり、診察や面接だけでは診断が困難なケースが多い。このため、精神病との鑑別のための資料として医師から心理検査を依頼されることもしばしばである。このようなケースでは、ロールシャッハ・テストや描画テスト、知能検査を中心とした心理検査を施行する。それでも解説書にあるような明確な病的兆候を見出すのは容易ではなく、検査者のアセスメント技能が問われる。適切な治療を行うためには、心理検査を有効活用していくことが求められる。

　心理面接は医師の依頼あるいは患者の希望に応じて、医師による診察とは別枠で臨床心理士が行う。患者の症状やニーズに合わせて7章・8章で紹介した各種心理療法を提供していく。面接は通常は毎週あるいは2週に1回のペースで、1回30分〜50分程度の時間を行う。入院設備がないクリニックでは外来治療という枠組みを意識しながら心理面接に取り組んでいくことが重要である。

自我機能の弱い患者に対して過度に内面を掘り下げるような面接を行うと、自我の防衛が崩れて病的な体験が賦活され、外来での対応が困難になってしまう可能性がある。受診後は、家庭に戻り、職場や学校などの日常生活に戻るので、現実との接点が失われないように自我の健康的な面を伸ばしていく方向でサポートしていく必要がある。

　また、過度に要求の多い人格障害の患者に対しては、外来という枠のなかでできることの限界を明示しながら、面接を進めていくことが大切である。そして、主治医との連携も密に保ち、治療の方針や対応上の留意点について適宜話し合っておくことを心がけていく。また、医師は投薬や注射などの医療行為を通して主に心身の症状の改善に向けて治療する役割を担い、心理職は専門技法を用いつつ症状を抱える患者の健康なこころに働きかけるという役割分担をしっかり行っておく。すなわち、医師は症状の改善を目指し、臨床心理士は問題を抱えるその人の自我の成長を促すようなかかわりの違いである。このような役割分担を行うことによって患者への支援をより効果的に行うことが可能となる。筆者の場合には、児童や青年が患者で来談した場合、親への協力を求めていくことが多い。家族の治療参加が、患者の症状悪化を防ぐとともに、家族関係の改善につながっていくからである。

　上記の業務のほかに、福祉事務所や近隣の作業所などの外部関係機関との連携を通して、患者の生活を取り巻く環境を調整する役割を担っていくこともこころのケアとして大切である。院内の受付まわりの業務（カルテ管理、会計、処方箋発行、予約取など）や電話応対など、他職種との連携をしっかりととることも必要である。心理職みずからがクリニック全体の人間関係の潤滑油となり、患者へのサポートがより効果的に行えるように、日頃からつなぐ姿勢を実践していくことがこころの専門家として必要な任務だと筆者は考えている。

（小俣　和義）

4．保健所と子育て世代包括支援センター

　保健所とは、地域住民の保健や生活衛生を担当する第一線の公衆衛生機関で

ある。地域保健法に基づき、都道府県、政令指定都市、中核市、その他指定された市又は特別区に設置されている。

子育て世代包括支援センターは、2016 年の母子保健法改正により妊娠期から子育て期にわたる切れ目のない支援を行うため市町村は設置するよう努めなければならないとされた。2019（平成 31）年 4 月 1 日時点で 983 市町村（特別区含む。1717 ヵ所）に設置されている。

(1) 母子保健・発達相談

母子保健法により、妊娠した者は市町村に届け出をすることになっている。これに対し、母子手帳が交付される。母子手帳は妊娠、出産、育児の健康記録、成長記録であるとともに、予防接種の記録など健康管理のために一生保管しておくとよいものである。母子手帳交付の際には、妊婦の状態を把握（10 代の出産、妊娠届が遅い、望まない妊娠など）し、支援につなげる。

子どもが生まれると、全乳児訪問が行われる。児童虐待を未然に防ぐため家庭環境の把握に努め、また、育児不安の解消を図ることが大きな目的である。たとえば、子どもの発達は順調だろうか、子どもが泣くのは私（母親）が嫌いなせいではないか、泣き止まないのでイライラするなどということが一時的に起きることがある。これらは「マタニティー・ブルー」や「産後うつ」の可能性がある。「マタニティー・ブルー」とは、出産後に生じる精神が不安定な状態であり、多くは一過性のものである。しかし、1 ヵ月以上イライラ感や気分の落ち込みなどが続くと「産後うつ」の可能性があり、状態に応じて専門医療機関への受診が必要となってくる。日本は妊娠や出産して 1 年以内の自殺も多いと言われており、妊娠期から産後のメンタルヘルスについても喫緊の課題である。出産後、安心して子育てができるように産後 2 週間、産後 1 ヵ月で産婦健診（エジンバラ産後うつ病質問票等実施）が行われている。また、多胎妊娠・多胎家庭の支援、産後ケア事業（宿泊や日帰りでの母親の身体的ケア、授乳や育児に関する相談等）も行われている。

乳幼児健診（4 ヵ月、10 ヵ月、1 歳 6 ヵ月、3 歳）で心理職や保健師、保育士が子どもや親子の交流の様子を観察、親記入の質問紙や聴き取り（M-CHAT、

PARS-TR 等）、子どもの発達検査（新版 K 式発達検査 2001、遠城寺式乳幼児分析的発達検査等）など（第 6 章 1 節参照）を行う。また、乳幼児健診未受診者については児童虐待のリスクもあるため、家庭訪問等実施し、状況を確認する。そして必要があれば、継続的な発達相談、親子遊びの場の提供、専門療育機関などにつなげる。

　不妊相談や不育症相談、女性の健康相談（妊娠 SOS 等含む）も行われている。

(2) 精神保健

　こころの問題や精神的な病気の相談、精神障害者の社会復帰などの相談を行う。必要に応じて、精神科医師の相談・診察も行う。精神障害が疑われる患者のなかには精神科受診を拒む方もいる。家族が保健所などに相談に訪れることが多いが、職員（保健師、精神保健福祉士、心理職など）が家庭訪問をし、家族とともに患者に受診の必要性について話をし、病院に同行するなどの受診援助を行う。統合失調症やうつ病など精神科疾患の方のデイケアや家族教室なども行う。病気の理解、対応方法を学ぶなどの心理教育を行ったり、病気について話ができる仲間を増やしたりする。家族教室の受講生が集まり、家族会（家族自身が主体的に行う会）へと発展していく場合もある。

　精神科入院医療については、任意入院、医療保護入院、措置入院、応急入院などがある。任意入院は本人同意での入院、医療保護入院は保護者同意での入院である。措置入院は「自傷他害の疑い」がある場合（自分を傷つけたり、他人に害を及ぼす可能性が高い場合）である。措置入院は、警察官などの通報により、都道府県や政令指定都市の職員が調査を行い、精神科の県立病院や指定病院に連れて行き、2 名以上の精神保健指定医の診断に基づいて入院の要否が決定される。また、緊急に入院する必要性があるにもかかわらず、本人の同意がとれず、また保護者と連絡がとれないことなどから保護者同意もとれない場合には 72 時間に限り病院管理者が応急入院させることができる。

　最近では、障害者自立支援法（2005）により、3 障害（身体障害、知的障害、精神障害）が同じ場所で相談が受けられるシステムをとる役所が増えており、精神保健についても保健所ではなく、ほかの障害と同じく市役所などの障害部門

で相談を行っているところも増えてきている。

(3) 感染症（エイズなど）・難病・成人病予防など

10代の性感染症の増加に伴い、「エイズ予防教育」を実施したり、赤ちゃんにふれるなど「生命を大切にする授業」、「性教育」や「がん教育」等を行ったりする。また、小児慢性特定疾病相談や難病相談、患者会や家族会の組織運営を行うこともある。メタボリックシンドロームを中心とした生活習慣病対策としてのメディカルチェックと運動教室、高齢者の寝たきり予防の筋力トレーニング、災害時の医療体制の計画なども行っている。

5．精神保健福祉センター

精神保健福祉センターとは、精神保健および精神障害者の福祉に関する知識の普及を図り、調査研究を行い、並びに相談および指導のうち複雑困難なものを行うところである。つまり、こころの健康の増進やこころの病をもつ人々の社会復帰の援助を行う精神保健福祉に関する総合的技術センターである。医師（精神科医）、心理職、精神保健福祉士、保健師などが配置されている。

主な事業としては、精神保健福祉に関する電話相談および来所相談、自殺対策や自殺予防（一般市民向けのうつ病に関する啓発講演会の開催やゲートキーパーの養成など）、自死遺族ケア、ひきこもりケアなどを行っている。

(1) 自殺対策と自殺予防、自死遺族相談

自殺対策基本法の成立（2006）や自殺総合対策大綱の閣議決定（2007）を受けてのさまざまな取り組みがなされている。しかしながら、自殺者の数は近年は全国で年間約2万人で推移している。精神保健福祉センターでは、自殺予防やこころの健康増進を図るため、一般市民向けの講演会やゲートキーパー養成研修会、専門職向けの研修会を開いている。ゲートキーパーとは、自殺の危険を示す等悩んでいる人に気づき、声をかけ、話を聴き、必要な支援につなげ、見守る人のことで、誰でもその役割を担い、悩んでいる人を支えることができる。また、学校に出向き、子どもや教職員を対象とした「メンタルヘルス教室」や「ストレスマネジメント教室」などを行うなど、精神保健福祉に関する知識を

広める活動を行っている。

　また、自死遺族の相談（自殺された遺族の相談）や自死遺族のわかち合いの会（自助グループ）などの開催などを行い、遺された遺族のケアを行う。

(2)　ひきこもり相談

　ひきこもりとは、さまざまな要因が重なって、社会参加の場面が狭まり、自宅以外の生活の場が長期にわたって失われている状態をいう。何らかの理由で、周囲の環境に適応しにくくなった時に「ひきこもる」という現象が起きる。大きく分けると「精神疾患によるひきこもり」「社会的ひきこもり」に大別される。「精神疾患によるひきこもり」は、うつ病や統合失調症などがみられる場合をいう。「社会的ひきこもり」はなんらかのストレスを抱え、自宅にひきこもっている状態で、「精神疾患が第一の原因とは考えられず、6ヵ月以上自宅にひきこもって参加しない状態」といわれている。昨今、「ニート」という言葉もよく聞かれる。「ニート」は学生、勤労者、主婦（主夫）ではなく、求職活動をしない人のことをいい、一部「社会的ひきこもり」と重複する。

　また、8050問題、さらには9060問題についても注目されている。これはひきこもりが長期化し、親は80〜90代、ひきこもっている本人は50〜60代と高齢化し、経済的にも困窮、孤立し無理心中や死体遺棄、年金の不正受給などにつながってしまうこともあり、迅速な対応が求められており、ファイナンシャルプランナー等が生活設計の相談に応じることもある。

　ひきこもりの本人の気持ちは、孤立感（「誰もわかってくれない」「一人ぼっち」）、焦燥感（「周りに遅れをとってしまう」という焦り）、不安（「この後どうなるのか」と心配）が強くなったり、傷つきやすく、自信がもてない状態であったり、周囲の状況に神経を使い敏感になることもよくある。

　家族など周囲の者は焦らないこと、原因探しや叱咤激励はやめ、本人の苦しさやつらさを受け止めることが大事である。また、家族自身が孤立や被疲労感を感じないためにも専門機関で相談したり、家族会などに参加し仲間を作ることも必要であろう。ひきこもりから回復するためには、家族など自分の周囲の方が「自分の味方になってくれる」という気持ちが役に立つ。「顔を洗う」な

ど今できる行動を続けることで少しずつできることが増えていくように小さな目標を立てること（たとえば家族に「おはよう」と挨拶をするなど）も大切である。小さな成功体験を積み重ねることで、自分らしい生き方ができるようになる。一歩外に出られた方にはひきこもり当事者会や居場所、また女性に特化したひきこもり女子会等もある。

2009年度から厚生労働省は「ひきこもり地域支援センター」の予算を補助し、都道府県や政令指定都市での開設が進んでいるが、ひきこもり地域支援センターも精神保健福祉センターと連携しながら支援にあたっている。また2018年度からは生活困窮者自立支援制度との連携を強化し、訪問支援等も充実させ、ひきこもり地域支援センターのバックアップ機能等の強化を図っている。

(3) 被害者支援・こころの緊急支援チーム（CRT）など

犯罪被害者等基本法が成立（2004）し、犯罪被害者等基本計画が閣議決定（2005）された。犯罪被害者等基本計画では「厚生労働省において、精神保健福祉センター、保健所等が犯罪被害者等支援に係る諸機関・団体等との連携・協力を充実・強化……」と定められており、司法・保健医療・福祉の各領域での支援体制の構築や連携の必要性が求められるようになった。

上記のことから、精神保健福祉センターでは、犯罪被害をはじめ、さまざまな事件、事故、災害等に遭われた方に対して、危機介入、アセスメント（面接、心理検査）、心理教育（回復のために自分でできる対処方法を体得してもらう）、自助グループ支援、情報提供、関係機関との連携などを行っている。

被害を受けると、こころのサイン（抑うつ、不安、やる気がでない）、からだのサイン（疲れやすい、頭痛、だるい）、人間関係のサイン（人が信じられない、学校に行くことができなくなる、人と会いたくなくなる）などが出る。これらはショックな出来事に遭った時の正常な反応である。症状は一過性であり、早期に回復することも多い。早期の対応や「異常な事態での正常な反応である」という知識を得ることで、PTSDを防ぐことができる。また、学校などでの事件・事故に対してこころの緊急支援チーム（CRT：Crisis Response Team）を派遣する場合もある。

東日本大震災では、各都道府県・市町村などの職員（医師、保健師、心理職、精

神保健福祉士など）が医療チーム、こころのケアチームとして現地に赴いた。そのなかの多くは精神保健福祉センターや保健所などに所属する職員である。

(4) 精神医療審査会の開催、精神保健福祉手帳の判定

精神科病院に入院している方の処遇について、適正な医療および保護を確保するための審査を行う精神医療審査会を設け、審査に関する事務を行う。また、自立支援医療（精神通院）および精神障害者保健福祉手帳の判定を行う。

(5) そ の 他

アルコールや薬物やギャンブル、ゲーム、スマートフォン等ネット依存症や摂食障害の相談、がん患者の家族や遺族の面接や自助グループ（家族・遺族のわかち合いの会）、子ども向けの精神疾患について理解を深める教室や予防教育などを行っている精神保健福祉センターもある。

（平野　聖枝）

実践コラム 1

小児精神科クリニック

筆者が勤務する小児精神科クリニックでは、医師や看護師のほかに、心理職、言語聴覚士、医療事務などのスタッフが連携し、0歳から18歳までのこころに問題を抱える子どもの診療にあたっている。子どものこころの問題を分析・治療できる小児精神科医は全国的に見ても少ないといわれており、1ヵ月分の新患予約枠は予約受付開始の数時間で埋まってしまう。

当クリニックに訪れる患者の主訴は、不登校など学校生活に対する適応障害が最も多い。しかし、その背景にあるものは患者によってさまざまである。不安や悩みをなんらかの身体症状として表現している人、うつ状態や抑うつ気分が長引く気分変調症やうつ病の人、摂食障害を呈し学校生活に困難が生じている人、自己肯定感が低くリストカットなどの自傷をくり返す人、広汎性発達障害・学習障害・注意欠陥多動性障害などの発達障害、行動・情緒障害がベースにあって、学校での不適応を起こしている人などがある。

臨床心理士の主な仕事の内容は、医師の依頼の下に行う心理検査、および心理カウ

ンセリングである。心理検査では、WISC、田中ビネーといった知能検査や、YG性格検査、TEGといった性格検査、バウム・テスト、風景構成法といった投映法を用いてテストバッテリーを組み、患者の知的能力やパーソナリティを評価し、患者が抱えている問題を分析することにより、適切な診断・治療につなげていくよう努める。心理カウンセリングは、医師が必要と判断した場合に、医師の診察15分、心理士のカウンセリング45分という枠組みで行うことが多い。子どもを対象としているという特性上、カウンセリングの内容は会話による言語面接のみならず、MSSM法（Mutual Scribble Story Making Method：交互ぐるぐる描き投影・物語統合法）のような絵画療法、箱庭療法、コラージュ療法、遊具を使った遊戯療法と多岐にわたり、患者の問題のありようや要望に合わせて、適切な方法を選んでいる。こうしたセラピーは、患者とのあいだに良好な治療的人間関係を築くのに有効であると同時に、安心できる治療関係のなかで患者の自由な自己表現を促し、患者自身が本来もっている自己治癒力を引き出すのにも有効であると考える。また、親子関係や環境の調整が必要と考えられる場合には、子どもの了承を得て保護者との家族面接を行うこともある。

　小児精神科が一般精神科と異なると思われる点は、問診票やインテーク用紙に書かれた主訴が、必ずしも子ども本人が思う主訴ではないことである。当クリニックでは、「親に連れて来られた」と言って受診する子どもも多く、保護者は子どもの状態に問題意識をもち、治療へのモチベーションも高いが、子どもは何で連れて来られたのかわからない、という状況がよくある。筆者がカウンセリングを行う上で心がけていることは、患者である子どもに寄り添い、あくまでも「子ども中心」にカウンセリングを行うことである。はじめて対面する時には、不服そうにしていることも多々あるため、「連れて来られたの。大変だったね。嫌だったのによく来てくれたね」と、子どもの気持ちに寄り添って声かけをすると、「本当は外に出たくなかった」「悪いのは私じゃなくて学校なのに」とこころのうちを話してくれるようになる。このように患者とのラポールを築き、「この人は安心して話せそうだ」という実感をもってもらうことが治療の第一歩である。いったん、関係が築けると、時には45分間のカウンセリングの時間中ずっと、趣味のゲームや虫集め、鉄道の話をして満足そうに帰っていく患者もいる。社会の荒波にもまれる子どもたちにとって、いつも変わらず、揺るぎない態度でじっくりと話を聞いてくれたり、遊びにつき合ってくれる場があることこそが有効であると考え、筆者は日々カウンセリングを行っている。また、カウンセリングを行うのは主に患者である子どものみであるが、患者のことを家族環境も含めたひとつのケースとしてとらえることも重要である。そのためにも、他のスタッフとの連携は欠かすことができない。心理士は医師にカウンセリングでの様子を報告し、医師

からは治療の方針や服薬、家族の状況などを聞き、双方で情報交換を行う。加えて、医療事務スタッフが、待合室での親子の様子や保護者の電話対応の様子を教えてくれ、その情報が患者を理解する上で非常に役立つこともある。常日頃から、スタッフのあいだでの風通しを良くし、スムーズに連携がとれるよう心がけている。

（矢田　明恵）

② 福祉分野：福祉・療育的なアプローチでの支援

1．児童相談所

(1)　児童相談所とは

　児童相談所は、児童福祉の専門機関であり、都道府県および政令指定都市に設置することが義務づけられている。中核市についても設置できる。国の運営指針では、人口50万人に最低1ヵ所程度の設置が必要だとされている。2019年4月1日現在、全国で215ヵ所の児童相談所、139ヵ所の一時保護所がある。対象となる児童は0歳から17歳まで（原則18歳未満）である。

　児童虐待の通告を24時間受け付ける児童相談所虐待対応ダイヤル（189 いちはやく。令和元年12月3日から通話料が無料になった）を受け、48時間以内に子どもの安否を確認するための家庭訪問を行い、関係機関からの情報収集や一時保護についての必要性を判断する。

　児童相談所は、市町村と適切な役割分担・連携を図りつつ、児童に関する家庭その他からの相談のうち、専門的な知識を必要とするものに応じ、児童が有する問題または児童の真のニーズ、児童の置かれた環境の状況等を適切にとらえ、個々の児童や家庭に最も効果的な援助を行い、児童の福祉を図るとともに、その権利を擁護することを主たる目的としている。

　児童相談所はこの目的を達成するために、①児童福祉に関する高い専門性を有していること、②地域住民に浸透した機関であること、③児童福祉に関する機関、施設等との連携が十分図られていること、という3つの基本的な条件を満たしている必要性がある（厚生労働省, 2012b）。

表 9-1　児童相談所の機能

市町村援助機能	市町村による児童家庭相談の対応について、市町村に対する情報提供及び必要な援助を行う。
相談機能	児童に関する相談のうち、専門的な知識・技術を必要とするものに対して家庭の状況や生育歴など専門的な角度から総合的に調査、診断、判定し、それに基づいて援助指針を定め、自ら又は関係機関等を活用した一貫した児童の援助を行う。
一時保護機能	児童を家庭から分離し、一時保護する。
措置機能	児童を児童福祉施設などに入所させたり、里親に委託する。
民法上の権限	児童相談所長は親権喪失の宣告の請求などを家庭裁判所に対してすることができる。
家庭及び地域への援助活動	地域の必要に応じ、児童家庭に関する情報交換、処遇検討会等を開催し、関係機関のネットワーク化を推進する。

表 9-2　児童相談所の相談種別

養護相談	父母の家出、死亡、入院など養育困難、虐待など
保健相談	未熟児、虚弱児など
障害相談	肢体不自由児、視覚・聴覚障害児、重症心身障害児、知的障害児、発達障害児など
非行相談	虚言癖、家出、乱暴等ぐ犯行為、触法行為など
育成相談	性格行動に関すること、不登校、進学適性など

　児童相談所の機能は表9-1、相談種別は表9-2の通りである。

(2)　児童相談所の児童心理司とその役割について

①児童相談所の児童心理司について

　児童相談所には、児童心理司や児童福祉司などが児童や家族などへの対応をしている。大学で心理学を専修する学科を修了した者は児童相談所では児童心理司として勤務することが多く、昨今では大学院を修了した臨床心理士有資格者や公認心理師有資格者も増えている。児童心理司の業務は、①子ども、保護者等の相談に応じ、診断面接、心理検査、観察等によって子ども、保護者等に対し心理診断を行うこと、②子ども、保護者、関係者等に心理療法、カウンセリング、助言指導等の指導を行うこと、である。

　「心理診断」とは、児童心理司が心理検査、面接、観察等を通じて、児童の

知的発達および人格の評価や家族の心理学的評価（家庭の養育力、家族関係など）を行うことである。医療の分野では「診断」は医師しかしないため、心理職にとってはあまり馴染みのない言葉であるが、児童相談所では「心理診断」という言葉を使う。いわゆる心理アセスメント、見立てと考えてよい。

②児童相談所で使う主な心理検査（6章参照）

　　a）知能検査・発達検査（WPPSI-Ⅲ，WISC-Ⅳ，WAIS-Ⅳ，田中ビネーⅤ，KABC-Ⅱ，新版K式発達検査2001，遠城寺式乳幼児発達検査，S-M社会生活能力検査，PARS-TR など）

　　b）人格検査（ロールシャッハ・テスト，バウム・テスト，人物画，HTP，家族画，SCT，P-Fスタディ，IES-R，TSCC など）

③児童相談所での児童心理司の役割

　児童相談所での業務はチーム対応が原則であり、1ケースを児童心理司、児童福祉司と複数の担当者の共同作業により、子どもと家族の支援にあたる。

　児童相談所には一時保護所（虐待、養育者不在などから子どもを一時的に保護する場所。原則2ヵ月以内だが、延長あり）があり、一時保護中に子どもの行動観察や面接や心理検査などを行い、処遇（家庭に戻るのか、児童福祉施設入所措置や里親委託とするか）について検討する。

　一時保護所や児童福祉施設から子どもが家に戻る場合には、リスク（家庭での危険など）と資源（今、子どもや家族ができていること）とゴール（家族がどうなっていきたいのか、子どもが安心して生活できる家とは）について子どもや家族や関係者で話し合いをもつ。

　必要に応じて子どもは児童精神科（小児精神科）への受診を行うため、病院に同行し、医師と話し合う。また、児童福祉施設に出向いて定期的に心理面接やグループワークを行い、施設職員との情報交換も欠かせない。

　また、性的虐待を受けた子供から事実の確認の聴き取りをするため、一定のトレーニングを受けた児童心理司等が被害事実確認面接（司法面接）を行うこともある。近年は子どもの心理的負担の軽減、二次的被害を防ぐため、児童相談所、警察、検察の連携強化、情報共有し、3機関協同での面接も行われてい

る。なお、被害事実確認面接を行う者は子どものケアに関わらない。

(4) 児童相談所で主にかかわる相談について

①児童虐待と社会的養護

児童虐待は、身体的虐待、性的虐待、ネグレクト、心理的虐待に分けられるが、たとえば身体的虐待と性的虐待というように複数の虐待に遭っている児童もいる。虐待の影響により、反応性愛着障害になる子どもも多い（反応性愛着障害については3章(3)参照）。

社会養護とは保護者が病気で養育ができなかったり、被虐待児など家庭環境上養護を必要とする児童に対する公的責任として、児童福祉施設などにおいて、社会的に養育を保障する制度である。社会的養護には施設養護（児童福祉施設）と家庭養護（里親）がある。児童相談所は社会的養護を行う機関への支援も行っている。入所児童の心理面接やグループワーク、職員への研修（事例検討、ロールプレイ、講義など）などである。

②発達に関する相談と療育手帳

a）発達障害とペアレント・トレーニング

2005年に施行された発達障害者支援法には、障害がある本人だけでなく、家族支援の必要性についてもふれられている。発達障害の子どもにかかわる親や児童福祉施設職員などを対象に、ペアレント・トレーニングを行っている児童相談所もある。ペアレント・トレーニングは、子どもへのかかわり方や問題行動への対応方法を知ることを目的としている。子どもの問題行動が悪循環にならないように、対応方法について講義、ロールプレイ、宿題を通して学ぶ。

b）療育手帳について

療育手帳制度は、知的障害児（者）に対し一貫した相談・指導を行うとともに、各種の援助措置を受けやすくすることにより、知的障害児（者）の福祉の推進を図ることを目的としている。療育手帳の交付対象者は、児童相談所または障害者更生相談所で「知的障害児（者）」であると判定されたものである。判定機関は、18歳未満は児童相談所であり、18歳以上は障害者更生相談所である。

また、療育手帳判定時に親の求めに応じて、発達に関する相談にのったり、

地域の療育機関や発達支援センター、医療機関などに紹介をすることもある。

③その他

東日本大震災により、厚生労働省より各児童相談所へ宮城県や福島県などの児童相談所への応援要請があり、現地に出向いた児童心理司や児童福祉司もいる。避難所巡回と遺児調査が主に行われた。

児童虐待の数は年々増加の一途をたどっており、児童相談所職員の業務は多忙をきわめている。緊急対応のため、土日に出勤することもある。

地方公務員（都道府県、政令指定都市など）として働く心理職は、児童相談所、精神保健福祉センター、保健所（母子保健・精神保健など）、都道府県立・市立病院、職員厚生課（職員のメンタルヘルス相談など）、人事課（人材開発、復職支援など）、教育相談センター（不登校相談など）、発達支援センター、障害者更生相談所、青少年育成センター、生活保護部門、DV等女性相談部門など多岐にわたるが、一番心理職が多く働いている職場が児童相談所である。　　　　（平野　聖枝）

2．児童心理治療施設

(1) 児童福祉施設と心理臨床

児童福祉施設は、法律で定められた児童の福祉に関する業務を行う施設の総称である。保育園のように子どもたちが通う形式のものと、乳幼児を養育する乳児院や児童が生活する児童養護施設などのような入所型の施設がある。子どもが何らかの理由により家庭で生活ができない時、里親や親族と生活するほかに、入所型の児童福祉施設で生活を始めるということがある。

多くの児童福祉施設では心理職を置いていなかったが、1990 年代から児童虐待への関心が高まり、1999 年、児童養護施設に心理療法担当職員が配置された。そして徐々に児童福祉施設にも心理臨床の専門家が配置された。比較的近年になって心理臨床家が本格的にかかわり始めた領域である。

心理援助というと、面接室やプレイルームなどでクライエントが訪れ、セラピストと 1 対 1 で面接を行う形を想像することが多いのではないだろうか。しかし、施設ではそのようなクライエントを待っているだけのスタイルでは通用

しない。児童福祉施設は、子どもたちの生活が営まれる場だということが、他の心理臨床の現場との大きな違いである。生活の場である施設というのは、それぞれ独自の歴史や風土をもち、子どもたちの生活を直接支える「ケアワーカー（保育士、児童指導員など）」という職員が中心となっている。心理職はそこに後から加わった職種であるため、「何ができる人なのか、何をしてくれる人なのかわからない」という認識をされがちで、心理職がうまく活用されない場合もある。

　では、施設の心理職として活用されるためには、どうしたらいいだろうか。まずは、心理面接室から出てケアワーカーと話をし、困っていることを聞き、そこから施設職員や施設が心理職に期待するニーズを探ることから始まる。児童養護施設では、被虐待児童の入所が多くなっている。被虐待児の特徴として、怒りや衝動性のコントロールが難しく、すぐにかっとなり暴力をふるってしまうことが多い。そのために、対人関係を築くことが難しく、職員との関係も悪くなってしまうことがある。さらなる関係の悪化を防ぐために、職員の話を聞き、子どもの理解を深め、かかわり方を一緒に考え、必要に応じて子どもの面接をする。このように一つひとつ丁寧に現場での声を聞きながら、その施設や施設の職員、子どものニーズを集め必要な心理援助を提供することが心理職の仕事なのである。

　また、保護者や里親と子どもをつなぐ役割も心理職の大切な仕事のひとつである。子どもの生活の様子を伝えながら、具体的に子どもとのかかわり方を保護者に伝えて、再び親子が一緒に暮らせるように支援していく。これは子どもや保護者の状態を見立てながら伝えていくことこそ、心理職の特性を生かせる場面である。

　具体的なニーズの獲得方法や児童養護施設での心理職についてはより詳しい本も出版されているので、そちらを参考にされたい（加藤，2012）。

(2)　児童心理治療施設の心理援助

　児童心理治療施設とは、心理的困難を抱え、多岐にわたり生きづらさを抱えている子どもたちを入所または通所させて治療を行う児童福祉施設のひとつで

ある。以前は、情緒障害児短期治療施設（通称：情短）という名称だったが、2017年児童福祉法改正により施設名称が変更となった。1962年という比較的早い時期から心理職の配置が定められている施設で、全国に51ヵ所ある（2019年11月現在）。現在入所している児童の多くは虐待を受けた経験がある。

①治療を支えるもの

児童心理治療施設では生活のなかで治療が行われる。それは福祉・心理・教育・医療が総合的かつ有機的に連携、協働して生活環境を整え、子どもの成長を促す総合環境療法という考え方に治療が基づいているからである。多くの児童心理治療施設では小中学校の分級や分教室を施設内にもち、児童精神科医の診察を受けることができる。さまざまな職種間で互いの専門性を相互に理解し合うこと、児童相談所等の他機関との連携も子どもの総合的な治療を支える重要なものである。

また、治療が生活のなかで行われるために、子どもたちを取り巻く施設の文化や雰囲気があたたかく治療的なものでなければならない。

②治療の実際

児童が入所した直後から治療は始まっている。入所直後は安心で安全な環境の提供が最重要の課題となる。家族や地域と離れ、新しい場所での生活は不安が大きい。当たり前に食事ができ、当たり前にゆっくり休むことができる環境を整えて、「大丈夫かもしれない」という安心感の種をまく必要がある。そのためには、見通しのきくスケジュールや明確なルールがあることが大切となる。

虐待を受けた子どもたちは、発達の遅れやアンバランスさがあったり、自分を守ることに必死であった経験から警戒心が強い。通常の子どもが安心安全と感じる環境でも、虐待を受けた子どもはそれを感じにくい。また自分がよりよい未来に生きるという展望をもつことが難しい。たとえば、けがの治療のために病院へ行くことを頑なに拒否するなどはたびたびある。

子どもの発達のアンバランスさや状態に応じて、生活を組み立てることが心理職の仕事のひとつである。つまり、子どもの見ている世界を理解しようとする姿勢をもち、治療方針を立てることである。たとえば、学校で嫌な体験が多

い子どもには学校への参加の仕方を考えたり、集団活動が苦手な子どもに対しては集団活動への参加についてひとつずつ考えるなどである。指導員とともに子どもの状態を観察し、治療方針を立てることは心理職の重要な仕事である。

　また子どもにかかわる職員や児童相談所の児童福祉司、保護者にも治療方針を理解してもらえるよう努めることが必要となる。子どもは特定の養育者とだけではなく施設全体、子どもにかかわる全員から影響を受ける。円滑に治療を進めるには子どもとかかわる人物と協力関係を結ぶ必要がある。各々の職種や人の立場を理解しわかるように説明し、子どもを支えるネットワークを生き生きとつなげることが治療には大切であり、そのつなぐ役割を心理職が担っている。

③生活のなかの心理臨床

　心理援助は、面接室の密室のなかで1対1という守られた空間や時間を重視してきた。しかし、生活のなかの心理援助はそれとは様子が違う。生活のなかで心理職が子どもたちに関与しながら観察することで、面接室だけではわからない子どもが見えてくる。またパニックなどの困難な状況での危機介入も心理職の仕事のひとつである。他職種との協働を積極的に行い、集団や個人の状況を見立てながら、子どもを取り巻く環境をより治療的なものへ調整していき、子どもの主体性を育むことこそ生活のなかでの心理臨床の大きな仕事である。

（札本　桃子）

実践コラム2

地域活動支援センター

　地域活動支援センターとは、障害のある人の地域生活を支援する施設である。精神や身体などに障害のある人たちは、その障害特性からだけではなく、周囲を取り巻く環境のせいで、その人本来の生活を送れていないことが多い。たとえば周囲からの偏見ゆえに社会活動を制限されたり、家族のなかで肩身の狭い思いをしていたりするこ

ともある。また障害年金や医療控除といった福祉制度の情報が行き届いていないゆえに、生活に不便や負担を強いられていることもある。これらを解決することによって、その人本来の生活を送れるように支援するのが地域活動支援センターの主な役割である。地域活動支援センターの機能にはさまざまなものがあるが、代表的な機能をいくつかあげてみよう。

　第一にあげられるのが居場所としての機能である。先にあげたように障害のある人は、家庭内で肩身の狭い思いをしていたり、就労や社会参加が難しく「自分はここにいていいのだ」という所属感や安心感を得ることが困難な場合が多い。そのため地域活動支援センターでは、フリースペースと呼ばれる出入り自由な場所を用意し、日中活動の場として開放している。そこではほかの利用者に迷惑をかけない範囲で自由が約束される。なかには職員に相談をもちかける人もいれば、何もせず一日中ソファーで横になっている人もいるし、施設側で用意したプログラムに参加する人もいる。ありのままの自分の姿で時間を過ごすという体験は、その人本来の生活を取り戻していくためのエネルギーとなる。またフリースペースでは、利用者同士でのピア（peer：同士・仲間などの意）の支援も期待できる。利用者同士が何気ない会話のなかで共感し合ったり、一緒に過ごしたりするという体験は、地域のなかで孤立しがちな障害のある人にとっては貴重な体験となる。職員ではなく同じような境遇をもつ人同士だからこそ共感できることがらもある。実際に利用者が専門研修を受け、ピアスタッフとして地域活動支援センターに勤務し活躍している施設も多い。

　第二にあげられるのが、地域福祉の案内板としての機能である。障害年金や生活保護をはじめとした福祉制度や作業所やグループホームといった社会資源などは、実際に利用しようと思っても申請の仕方がわからなかったり、一般に周知が行き届いておらず存在自体が知られていないことが多い。その人のニーズに合った制度を案内する。「ひとりで窓口に行くのは不安」という人には実際に役所の窓口まで同行し、一緒に申請手続きを行ったりすることもある。

　第三にあげられるのは関係調整機能である。具体的な例をあげると「主治医の前だと緊張してしまって言いたいことが言えない」という人には職員が通院に同行し、一緒に診察室に入って本人の後押しをすることもあるし、「最近作業所に行きづらくて休みがちになっている」という人には、作業所の職員とともに「どうすれば通いやすくなるか」とカンファレンスを開いて対策を考えることもある。本人と周囲の環境とのズレを調整し、その人本来の生活を取り戻していく機能である。また逆にヘルパーや保健師、家族などの支援者からの相談を受けることによって、本人を支える環境の力を取り戻すという側面もある。時に本人への直接支援だけではなく、支援者を支援

するということが巡り巡って本人の利益につながることは非常に多い。

　地域活動支援センターでの活動は、面接室での個別面接よりもケースワーキング活動の占める割合が高い。そのため職員の大半は精神保健福祉士や社会福祉士が担っているが、近年では臨床心理士などの資格をもった心理職が地域生活支援センターで働くこともめずらしくはなくなってきている。本人の気持ちに寄り添い、その人本来の生活を取り戻すために周囲の環境と本人の気持ちをつないでいくということは、まさに心理臨床の本分であり、地域福祉の分野でも心理臨床家へ対する期待が高まっている。地域福祉領域における心理職の活動について詳しく記されている本も出版されているので、ぜひとも一読をお勧めする（日本臨床心理学会，2009）。

（有馬　慧）

【参考文献】
日本臨床心理学会（編）(2009).　地域臨床心理学　中央法規出版

❸　教育分野：教育的な場での子どもたちへの支援

1．スクールカウンセラー

⑴　スクールカウンセラーとは

　わが国で公立学校にこころの専門家としてスクールカウンセラー（以下 SC と表記）が導入されたのは 1995 年と比較的最近のことである。したがってまだ歴史の浅い、新しい領域であるといえる。

　現在では、全国のほとんどの中学校に SC が配置され、小学校や高等学校への配置も増えている。一部の私立学校など特別な場合を除き、たいていが非常勤の勤務であり、ひとつの学校には週に 1 回ないし 2 回、あるいは月に何回か、勤務時間も 1 日 4 〜 8 時間くらいが一般的である。そして教育相談あるいは生徒指導担当の教員、養護教諭、管理職、担任らと連携しながら、子どものこころを支えるさまざまな業務にかかわっていく。なお近年では、いわゆる「チーム学校」の動きの中で、SC もそのメンバーとしての役割が求められている。これまで以上に、学校組織の一員としての連携が大切になってくる。

⑵　スクールカウンセラーの活動の実際

①子どもを対象とした活動

a）面　　接

　子どもが面接にやってくるプロセスはさまざまである。みずから来談する場合もあれば、保護者や教員に勧められて来室する場合もある。また、休み時間等に相談室を解放している場合は、なんとなく遊びに来ているうちに、いつのまにか相談が始まっている場合もある。児童生徒全員と面接をする学校もある。

　面接の内容もさまざまである。友だち関係の悩み、家族のこと、学習や進路のこと。なかには恋愛相談もある。SC はそのすべてに丁寧に耳を傾ける。

　登校を渋ったり、不登校状態になったりしている子どもへの支援も、SC の大切な役割である。たとえば、登校はできるが、教室には入れず別室で学習している子どもの場合、SC の来校日に面接が組まれることがある。はじめからみずからの悩みを言葉にして語れる子もいるが、そうでない子も多い。そこで学習支援や何気ないお喋り、時にはゲームなどを通して、子どもとの関係を作っていくことが重要になる。また場合によっては、担任とともに家庭訪問をし、子どもとかかわることもある。

b）集 団 対 象

　集団を対象とした活動としては、たとえばこころに関する授業を行うことなどがあげられる。内容は、たとえばストレスとその対処のことであったり、仲間づくりやコミュニケーションに関することであったりする。形式としても、担任らが中心になって行い SC がサポートする形と、SC が中心になって進める形がある。

　カウンセラーというと話を聴くことが中心であると思われがちであるが、SC は思いのほかこのように人前で喋るという仕事が多い。そこで、専門的知識を子どもにわかりやすく伝える技量や、子どもを飽きさせない授業の工夫なども求められるのである。

　また、担任らからの依頼で、気になる子どもの様子を観察することもある。授業などにさりげなく入り、他の子どもたちとも自然にかかわりながら、対象

の子どもの行動観察を行う。

c）日常でのかかわり

子どもたちを対象とした活動としては、上記のようないわば公の活動のほかに、日常場面でのかかわりもまた重要である。

たとえば、休み時間や放課後に子どもと遊んだり、部活動に参加したり、給食を一緒に食べたり、掃除を一緒にしたり、といった活動である。これらは、SCを身近に感じてもらい、来談の敷居を下げるという意味もある。そして同時に、そうした日常のかかわりそのものが、カウンセリング的な役割をもっているのである。たとえば、何気ない遊びのなかで、子どもに達成感をもたせるようなかかわりをすることは大切である。

また、カウンセラーだよりのような通信を出すこともある。SCの仕事について紹介したり、相談の申し込み方法について説明したりする。時にはこころについてのコラムを書いたり、試合や試験などで実力を発揮するためのメンタルトレーニングの方法について紹介したりすることも有効である。

②**保護者を対象とした活動**

a）面　　　接

子どもに関するさまざまな悩みを抱え、保護者が来談することもある。子どもが不登校になっている場合など、保護者のみが来談し、面接を続けることもある。保護者を通して子どもを支えるようなかかわりをとることで、子どもの不登校が改善されるケースもある。

また、子どもについての相談をきっかけに、保護者自身が抱える悩みの相談に移行していくこともある。重篤な問題の場合などは、他の機関を紹介することもあるが、保護者の問題が解決することで子どもへの好影響が期待される場合、そうした相談に丁寧に寄り添っていき、ともに解決を図っていくこともある。これも、保護者を通して子どもを支えるかかわりである。

b）講演やおたよりなど

保護者を対象とした講演会などの依頼を受けることもある。授業参観の日に合わせて設定されることが多い。家庭でのコミュニケーションの方法や、子育

てのコツなど、テーマは多岐にわたる。たとえSC自身に子育て経験がなくても、こころの専門家としての視点から、こういった内容の講演を行うのである。

また、保護者向けにおたよりを出すこともある。カウンセラーの活動を紹介することで、相談への敷居を下げることを目的とするほか、「子どもへのかかわり方のヒント」「ストレス解消のコツ」といった記事を書くこともある。

③教師を対象とした活動

a）コンサルテーション

コンサルテーションとは、教師とSCとの間で情報を共有しながら、子どもの理解をすすめ、支援を構築していくためのやりとりのことである。来談した子ども、教師から見て気になる子ども、不登校になっている子ども、あるいはクラス全体といったように、さまざまな対象についての話題があがる。教師とSCは、互いの専門性を尊重しながら、ともに補い合って問題の解決を目指していく。筆者の感覚では、最近は軽度発達障害が疑われる子どもについての相談が増える傾向にあり、専門的な立場からの対応や助言が求められる。

ところで、カウンセラーには相談者の秘密を守る守秘義務があるが、子どもの相談内容を教師にまったく伝えないというのでは話が進まない。もちろん、子どもの了解をとった上で教師に伝えるのがベストなのだが、ここで大切なのは、「集団守秘義務」という考え方である。それは、相談者の秘密を、教師とSCの間で、あるいは学校全体で共有し、それより外には漏らさないというものである。そうすることによって、必要な情報が共有され、チームとしての動きが有効になるのである。

b）教職員研修

SCは教職員研修の講師を任されることも多い。児童生徒理解や集団づくりなど、さまざまなテーマが舞い込んでくる。それらを丁寧にこなしながら、時には傾聴ワークやペア・リラクセーションなどを取り入れ、さりげなく職員のストレス軽減を目指すこともある。

④他機関との連携

子どもが抱えるさまざまな問題は、時として学校のなかだけでは対応が難し

い場合もある。その場合、他機関との連携が必要になることがある。

　教育領域では、たとえば不登校になっている子どもに適応指導教室（実践コラム2参照）を紹介したり、教育相談室と連携したりすることがある。福祉領域では、虐待が疑われる場合などに児童相談所と連携することもあるし、そのほか、児童家庭支援センターや福祉事務所などとかかわることもある。保健医療領域では、発達障害が疑われるケースなどで受診をすすめることもあり、また時には精神科との連携が必要になる場合もある。なお、公認心理師法の施行により、その資格を持つSCと医療との連携のありかたについては何らかの変化が生じるかもしれないが、いずれにせよ子どものことを第一に考えた連携が大切である。

　これら他機関とのかかわりは、SCが単独で進めるというよりは、管理職や担任らとの連携のもと、学校主導で行うことが一般的である。

　また、他機関との連携を真に有効なものにするには、普段から顔の見える関係を作っておくことが大切である。したがって、勤務する学校のある地域に関連する諸機関について知っておく必要があるし、実際に挨拶回りなどをして関係を築いていくことも有効であろう。

(3)　スクールカウンセラーとして活動する上で大切にしていること

　ここでは筆者がSCとして活動する上で大切にしていることのなかから主に3点をあげる。

①子どもたちの活動を実際に体験すること

　筆者は、休み時間、授業、掃除などのさまざまな活動にはなるべく参加したいと考えているが、その際、できるだけ子どもたちと同じ活動をし、その感覚を五感で感じ取るように心がけている。それは、子どもとの距離を縮めることや、いわゆる空気に馴染むことのほか、子どもたちの理解に役立てるという目的もある。たとえば、運動会前のダンス練習では一緒に踊る。すると次の時間に疲れが残る。見ると子どもたちもグッタリしていて、なかには集中力を欠く子もいる。こうして、子どもたちの行動の背景にさまざまなものを想定する材料を増やすことは重要である。

②また話したいと思ってもらうこと

　みずから喜び勇んで相談に来る子どもはまずいない。たいていは誰かに勧められて、たとえみずから希望してきたとしても多少の躊躇をしながらおずおずとやってくる。

　そこで筆者は、とくに最初の面接の時に大切にしていることが2点ある。ひとつは、SCと話せてよかった、という体験をもってもらうこと。もう1点は、子どもの日常生活にとって何かプラスになるものを提供すること。そうすることによって、次回もまた来たいという気持ちをもってもらいたいと考えている。そのために、できるだけ子どものペースで好きなことを話してもらうように心がける。子どもにとって話しやすい話題のツボを注意深く探っていくようなやりとりを重ねることもある。

③脇役であること

　学校における主役はもちろん子どもたちである。そして教育活動における主役は先生たちである。SCは時々来るだけの脇役にすぎない。その点をわきまえておく必要がある。

　子どもが今まで誰にも言っていなかった悩みを打ち明けてくれることもある。子どものこころについて深く理解することもできるかもしれない。ストレスについて授業で子どもたちに上手に伝えることもできるだろう。だが多くの場合、その翌日、SCはその学校にいないのである。SCがいる時はいいけれど、いない時はダメというのでは、真に子どもの役に立っているとはいえない。

　したがってSCが志向するのは、先の例でいえば、子どもが担任の先生にその悩みを打ち明けられるようになること、子どものこころの理解について教員らと共有すること、教員らがこころの授業を行えるようにサポートすること、なのである。おいしいところは先生方にもっていってもらう、といったスタンスが重要であるように思う。

2．教育相談室（教育センター、教育相談センターなど）

　自治体によって名称は異なるが、教育センターや教育相談室といった施設が、

教育委員会によって設置されている。そこでは教育相談といって、子どもや保護者、教職員からの相談を受けている。相談には教職経験者のほか公認心理師や臨床心理士などこころの専門家があたる。相談内容は、不登校や発達障害など多岐にわたる。親子で来談した場合、親には言語面接、子どもには遊戯療法と行動観察といったように、担当を分けて面接を重ねることもある。

　ところでSCと教育相談室との棲み分けであるが、一般的なパターンとしては、継続的な親子並行面接が必要な場合や、心理検査を施行する場合、何らかの事情で学校外での相談が望ましいと判断される場合などには、教育相談室を利用することが多い。　　　　　　　　　　　　　　　　　　　　　（渡部　友晴）

3．学生相談センター

　大学内部に設置された相談機関で、在籍する学生（学部生および大学院生）に対してこころの専門家が個別相談を行っている。学生相談室という名称の大学もあり、心身の健康や、性格の悩み、友人や恋愛などの対人関係、学業や進路のことなど、相談内容は多岐にわたる。不登校やひきこもりの学生へのサポートも重要な課題であり、保護者に来談してもらったり、指導教員との連絡を密にとって対応したりするケースもある。ときには、問題をもつ学生やトラブルに巻き込まれた学生を担当する指導教員や職員からの相談にも応じ、学内の危機管理への対策も講じることもある。また、保健管理センター（福田，2007）や学生課、就職課、教務課など学内の諸機関との連携をとりながら支援を行っていく。精神疾患をもつなど、医療的なケアが必要な問題が生じた場合には、適宜医療機関との連携も行うなど、柔軟な対応が求められる。大学によっては、エンカウンター・グループやSSTなど人間関係や自己理解を促進するプログラムを定期的に行っている場合もある（8章7節参照）。スタッフとしては、心理カウンセラーや初回面接をするインテーカー、受付などをする事務職員などから構成されており、学内の専任教員が週の一定時間に相談を行う大学もある。

　以下に、大学生活のなかで起こりやすい問題とその対応について筆者が学生相談で実践経験をしたケースも含めつつ紹介していく。

(1) 大学という環境への適応

　大学では自分で履修を組んで時間割を作ることが求められ、そのスケジュール管理をみずから行わなければならない。高校までのようにあらかじめ枠組みが決まっている生活とは大きく違うため、入学後にとまどいが大きくなり、精神的な問題を呈してしまう学生も多い。とくに、親元を離れてひとり暮らしをしている学生の場合、睡眠や食事などの生活リズムそのものが乱れてしまい、午前中の授業に出られなくなってしまうことがある。その結果、学業生活への動機づけが下がり、成績不振に陥ってしまう。なかには、友だちとの遊びに没頭し、本来の学業に興味がもてなくなって大学に出られなくなるステューデント・アパシー（学生無気力症）と呼ばれる状態になることもある。この状態は周囲が思うほどに本人が困っていないことが多いので、保護者や学生課、指導教員などとの連携が必要になってくる。進級ができずに留年をくり返してしまう学生のなかにはこうした心性が背景にある可能性が高く、周囲の関係者に勧められて来談することもある。

(2) 人間関係の問題

　中学や高校と違い、大学では自分専用の決まった机や椅子があるわけではない。そこで、学科やクラス、ゼミ、サークルなどでの人間関係を通して自分の居場所を見つけることが課題となっていく。それが難しい場合には話し合える仲間を得られずに登校自体が苦痛になっていく。また、青年期の心性として対人恐怖傾向が強まり、内面が傷つくことを過度に恐れ、表面的な人間関係しかもてない場合がある。自分の気持ちを伝えることを回避し、自分の殻に閉じこもってしまった結果、本来得られるはずの授業やゼミ選択、進路に関する情報が入りにくくなり、学業生活に支障を来してしまう。そして、対人関係をとらざるをえない休み時間や昼食時間を苦手とし、かといってひとりで学食に入ることも苦痛なため、トイレ内にて昼食を摂る学生も存在する。その一方で、友だちを作らないといけないという強迫観念にとらわれて無理に表面的な関係を作ろうとするケースもかなりある。また、留学生の場合、異文化での慣れない環境での不適応や言葉の壁に直面し、学業や友人関係への困難が生じやすいた

め、学生相談による個別のサポートも重要である。

　趣味やアルバイト、サークルなど、学外の生活でもさまざまな年代の人とも接する機会が増え、柔軟な適応能力を求められる。そうした生活のなかでの人間関係、先輩や上司、あるいは後輩とのかかわり方に悩んで来談するケースもある。発達障害など、社会的な場面でのコミュニケーションに難しさを抱えている学生の場合、周囲との折り合いがうまくいかずに問題化してしまう。また、恋愛関係での悩みや相談も多い。そのなかには、境界性人格障害（2章参照）というパーソナリティの問題を抱えて、周囲との関係でトラブルを頻発させてしまう学生も存在する。交際相手から別れ話をもちかけられるたびに、リストカットをしたり仲間との関係がこじれると過量服薬をするなど、パーソナリティ障害が背景にある場合には外部の医療機関との連携が重要になってくる。

(3) 進路に関する問題

　大学3年生以上になると卒業後の進路のことが大きな課題になってくる。就職するか、大学院に進学するか、どのような人生設計をもっているかについて話し合う場合もある。自身の適性や興味についてもしっかりと内省を促し、より適切な方向に進めるように援助を行っていく。進学を希望する者のなかには、社会に出ることへの不安が背景にあるモラトリアム状態の学生もおり、本当に学びたいことが何かをしっかりと見つめられるように促していかないと、大学院という専門課程に在籍する意味や目的を見失ってしまい、不適応に陥ってしまう可能性があるので注意が必要である。

　これらの問題を呈して来談した学生に対して心理職であるカウンセラーは訴えに丁寧に耳を傾けて、より良い学生生活が送れるように学生生活の過ごし方や、他者との円滑なコミュニケーションができるように支援していく。時には、履修の仕方や就職面接の仕方など具体的な助言を行うこともある。

(4) 身の回りに潜む危険から身を守るために

　大学というのは地域にも開かれているという特性から、不特定多数の人が出入りしやすい環境にある。そのため、不審な団体からの勧誘を受けたり、新興宗教に誘われ、いつのまにか深く傾倒して人生の方向性を大きく狂わせてしま

うという危険が潜んでいる。周囲に誘われて自分が気づかないうちに、犯罪組織に荷担していたり、薬物汚染に巻きこまれたり、高額な買い物やギャンブルにのめり込んでしまうケースもあり、非常に注意が必要である。また、電子通信媒体である SNS（ソーシャル・ネットワーキング・サービス）が入り口となって、トラブルに巻き込まれてしまうケースも多い。こうした危険から、学生自身が身を守れるように説明会を開いたり、冊子を配布するなどの啓蒙活動も必要になってくる。できるだけ早い段階で学生相談センターに来談するように促し、より深刻な事態に陥ることを未然に防ぐ役割も担っている。

　大学という場は、学びの場、仲間作りの場、そして自己を形成し、社会人としての準備をしていく場として非常に重要な機能をもっている。こうした環境を十分に確保し、よりよい学生生活が送れるように支援していくことが学生相談活動に携わるこころの専門家に課された重要な役割である。

（小俣　和義）

実践コラム3

適応指導教室

　適応指導教室は、不登校の小中学生のために教育委員会によって設置された施設である。目的は、小集団ですごしながら情緒を安定させ、基礎学力と社会性を身につけ、学校復帰を目指すことである。運営方法は各地域により異なるが教職経験者と心理職が協同している所が多いようである。活動は、学習やスポーツのほか、調理や遠足などの体験活動がある。

　訪れる子どもたちはさまざまで、不登校の期間や経緯、年齢、入室時期などの状況は多岐にわたる。入室者の入れ替わりがあるため、教室の雰囲気もその時々で大きく変わる。しかし、傷ついた子どもがやっとの思いでたどり着く場所なので、いつ誰が来てもこころが安らぐようなあたたかい空間づくりは基盤として欠かせない。安心できてこそ、子どもはのびのびとすごし、本来の自分らしさを取り戻せるからである。

　心理士は一緒に活動しながら子どもとかかわる。一般的な心理面接とは異なり "面接室のなかで1対1で会う" のではなく "面接室の外で集団ですごす" のが基本とな

るため、複数の職員と協力して支援するという意識や、個と集団を同時に見る視点、そして職員間のチームワークが必須になってくる。家庭や学校との連携も大切で、支援の実際や理解についての専門的な意見を伝える機会も多い。三者が協力していくために、普段からこまめに連絡を取り合い、時には両者の仲介役を担うなど、信頼関係をいかに築くかがポイントとなる。

　最重要事項のひとつである子どもとの信頼関係は、心配事を予想して声をかけたり遊びなど楽しい時間の共有を通して、徐々に安心してこころを開いてもらえるように心がけている。支援例では、たとえば活動に参加できない子どもがいれば、職員は集団対応と個別対応に分かれてチームで動く。その際、決して頭ごなしに叱らず、まず「どうしたの」と理由を尋ねる。大抵「○○が難しいから嫌」などの事情があるので、それを教えてくれたことへの感謝を述べ、「そうだよね、難しいよね」と共感したり、解決策を一緒に考えて不安を軽減させながら参加できる方法を探っていく。そして、どんなに小さなことでも結果だけでなく頑張っていた様子も含めて努力を認め、きちんと評価することが大事である。自信がつくと次の一歩を踏み出す意欲につながり、その積み重ねが子どもを輝かせていく。

　そのように個々の活動を手伝いながら、取り組み方や会話内容から一人ひとりをアセスメントし、支援方針を考える。心理面接は、悩みがあってもみずから希望する子どもはあまりいないので、必要に応じて心理士が声をかけて設定することが多い。終了後は元の日常生活に一緒に戻るので、その後の活動や集団に影響が出ないようきちんと線引きする。しかし、たとえ心理面接をしなくても"信頼している人とともに何かを乗り越える"という意味では、苦手な勉強や行事への参加など、日々の活動そのものに大きな意味があると思われる。

　対人関係に関しては、不安をもち苦手とする子どもばかりなので、冗談を言って緊張をほぐしたり、趣味など共通の話題を提供して皆が輪のなかに入れるよう友だちづくりの橋渡しを行う。また、ソーシャルスキルトレーニング（人とうまくつき合うための練習）も取り入れている。たとえば、物を貸してもらっても相手に何も言わない子どもには、心理職が率先して「貸してくれてありがとう」と笑顔でお礼を言い、「今度から物を借りたらお礼を言おうね」と具体的に解説し、次の機会に促して練習させる。それをくり返すことでスキルが身につくので、その後の友だち関係に生かすことができる。

　子どもは友だちができると、まずぱっと表情が明るくなる。そればかりか、自信が生まれ、自己肯定感や人とかかわる喜びを実感できるようになり、急速に成長していく。適応指導教室の心理職の主要な役割のひとつは、その成長のための「安心できる

人と場」を提供することではないだろうか。そして、一歩ずつでも前に進み、自分ら
しさと元気を取り戻せるように個々のペースに寄り添った支援を行う。そのように成
長を促し、喜びをともに分かち合うことがとても大切であると感じている。

(宮本　亜由美)

【参考文献】

文部科学省　(2003).「教育支援センター（適応指導教室）整備指針（試案）」不登校への対
　応の在り方について　http://www.mext.go.jp/b_menu/hakusho/nc/t20030516001/
　t20030516001.html（2013 年 3 月 20 日取得）

 ## 司法・犯罪分野：受刑からの社会復帰

1．はじめに

　司法・犯罪分野では、警察や家庭裁判所、更生保護施設、少年鑑別所、そし
て刑務所などがあり、心理職が働くのには公務員と民間職員の道がある。司法・
犯罪分野というと幅広いが、ここでは「受刑からの回復」ということで、刑務
所での仕事について紹介したい。現在、国内には PFI 手法（Private Finance Ini-
tiative：公共施設等の建設、維持管理、運営等を民間の資金、経営能力および技術的能力を
活用して行う新しい手法）を用いた官民協働運営の刑務所が 4 施設あり、官（公務
員）と民（民間職員）の両方に心理職が在籍し、常勤職員として勤務している。
本節は、筆者が初犯男子受刑者を収容する PFI 刑務所に常勤の民間職員とし
て勤務していたことから、主にその視点から述べさせていただく。この領域で
働く心理職の仕事には長い歴史があり、経験の浅い筆者に十分に網羅できるも
のではないことをお断りした上で、本論に入らせていただきたい。

2．受刑者矯正処遇の歴史的変化

　2001 年から 2002 年にかけて起こった名古屋刑務所における受刑者死傷事案
をきっかけに、受刑者処遇を中心とする行刑運営上の問題が明るみに出た。こ
れを契機として、1908 年に施行された監獄法は、2007 年 6 月 1 日に施行され

た「刑事収容施設及び被収容者等の処遇に関する法律」として、約100年ぶり
に全面的に改正された。これにより、矯正処遇として、それまで義務づけられ
ていた作業（社会でいうところの仕事）のほかに、改善指導や教科指導が規定され
るようになった。そして、心理職の活躍の場が広がり、変化している途上であ
る。

3．受刑者の一日

　懲役刑受刑者の生活の中心は、作業（刑務作業）をする時間である。作業内
容は、軽作業から塗装、または農業のような所外で行うものまでさまざまなも
のがあり、個々の適性をみて配役される。朝、起床してから点検を受け、朝食
を食べた後に、工場または訓練室などと呼ばれる作業場へ出業し、昼食や休憩
をはさんで夕方まで就業する。終業後は還室し、夕食や余暇時間を過ごし、日
によって入浴をして、就寝する。こういったスケジュールのくり返しである。
そして、2．で紹介したように、監獄法が改正され、受刑者に必要な教育を受
講させることが規定されたことにより、受刑者は、教育中心の日課となる矯正
指導日を中心に、作業時間中にも教育を受講するようになった。

4．受刑者とは

　たとえばある事件が発生し、犯人が逮捕された場合、まず警察で捜査が行わ
れた後、検察官に送致される。検察庁で事件を受理すると、検察官による捜査
や取調べ、参考人（目撃者や被害者など）の事情聴取が行われ、起訴（裁判にかけ
る）か不起訴（嫌疑不十分や起訴を猶予する場合などで裁判にかけない）のどちらかに
処分が決まる。起訴された場合には被告人となり裁判にかけられ、実刑判決が
確定すると受刑者となり、刑が執行される。ちなみに「初犯受刑者」とは、は
じめて受刑する人を指す。はじめて起こした犯罪で受刑する人もいるが、過去
に執行猶予刑を受け、再度犯罪を起こしたことで実刑（受刑）となるケースが
多く、初犯といっても2回以上の逮捕経験をもつ人が多い。

5．心理職のかかわる業務

(1) 分 類 業 務

　分類業務とは、受刑者を分類する業務で、アセスメントを核とする仕事で、面接や書類作成を行う。面接調査の種類は、入所時に行う考査面接、定期的に処遇の検討を行う定期再調査、心情把握のように必要に応じて適宜行う臨時再調査などがある。また、保護と呼ばれ、社会福祉士とともに行う出所後の身元引受や帰る場所の調整にかかわる仕事もある。

(2) 教 育 業 務

　刑務所で行われる教育には、改善指導と教科指導がある。改善指導とは、受刑者に犯罪の責任を自覚させ、社会生活に適応するのに必要な知識や生活態度を習得させるために行う教育で、さまざまなプログラムがある。教科指導とは、主に義務教育を修了していない、あるいは修了していても社会生活に必要な基礎学力が十分とはいえない受刑者を対象として行われる。現在では、多くの施設で、講義形式でなくグループワーク形式で教育が行われ、一方的に指導するのではなく、意見を交わし合いながら学び合う場を作っている。

　たとえば、筆者が勤務していたPFI刑務所では、「人も自分も大切に」という教育目標を掲げ、人間的発展と犯罪からの回復を目指し、教育を実施している。いくつか紹介すると、まず入所するとすぐに、共通教育という受刑生活への動機づけプログラムを受講する。そこで、正直に話すことや、お互いに否定し合わずに考えを述べ合うグループの基礎を体験的に学ぶ。次に、認知行動療法（7章4節参照）をベースとした被害者理解プログラムを受講し、自分の犯罪行為をふり返り、被害の現状について学び、負うべき責任や償いについて考える機会をもつ。その後は、たとえば、薬物、暴力、交通、就労などの問題別改善指導を受講する。ほかには、動物介在プログラムや地域住民との交通プログラムなど、特色あるプログラムを行っている。さらに、薬物や飲酒などの問題を抱える人は、社会内の自助グループの協力を得て、当事者とともにグループ体験をすることもできる。

6．刑務所で働く心理士の出会う課題

⑴　クライエントは誰か

　直接対象とする相手は、受刑者（加害者）である。では、クライエントは受刑者と考えてよいだろうか。受刑者のニーズに応えるのが役割だろうか。犯罪には被害者がいる。犯罪によって直接被害を受けた被害者だけでなく、間接的な被害者を考えると、ひとりの受刑者に相当数の被害者がいることになる。被害者がクライエントだろうか。被害者のニーズに応えるのが役割だろうか。いろいろな考え方があるかもしれないが、刑務所が税金で運営されている国の機関であることを考えれば、受刑者（加害者）、被害者、そのどちらでもない人も含めて、すべての国民がクライエントである。刑務所には、再犯を防止し、再犯率を下げるという社会からの要請がある。受刑者の内面が変化すればよい、とはいえないことを忘れてはいけない。

⑵　対等でない関係性の上に、どう関係を作るか

　矯正処遇にかかわる職員は、受刑者本人にかかわる一定の情報を得ることができる。通常のカウンセリングでは情報を得ることはできないが、矯正処遇にかかわる職員はできてしまうので、対等な関係でないといえる。また、矯正職員は評価する立場でもある。受刑者には「仮釈放」という制度があり、多くの受刑者にとって最大の関心は、少しでも長い仮釈放期間を得て、一日も早く出所することにある。彼らは、職員のあらゆる評価が仮釈放決定にかかわっているのではないかと推測し、常に職員の評価を意識して生活しているともいえる。

　このようなことから、職員と受刑者との間には、明らかに不平等な関係性や損得勘定、そのほかにも正直なやりとりを阻む要因が介在しやすい。面接でも、グループワークでも同じである。対等でない関係性の作る壁を超えて、いかにして彼らの思いに近づくかが、専門家として力量が問われるところである。

⑶　規律・秩序維持最優先の上に、どう環境を作るか

　刑務所の安全および規律・秩序の維持は、円滑な処遇の基盤である。もし受刑者の衆情が不安定で、集団が荒れ、規律・秩序が崩れていたとしたら、質の高い教育プログラムを実施したところで効果を望めないし、それ以前に実施す

ることすらできないかもしれない。この規律・秩序維持の中核を担っているのは処遇部門で、受刑者の生活を管理し、集団を運営しているのが、工場または訓練室担当と呼ばれる刑務官である。

　受刑者には遵守事項という生活上のルールが定められているが、たとえば、許可されない状況や違う工場（訓練室）に在籍する人同士での雑談は禁止されている。また、乱暴な言葉を発することや、職員に反抗することも禁止されている。反則を犯すと調査・懲罰の対象になる。雑談、感情的な発言、相手が誰であれ言い返すことなどは、白熱したグループでは起こりうるものだが、刑務所ではそれが許されない。しかし、過度に緊張し委縮した状態では、有用なグループワークはできない。施設のルールを守った上で、グループに適した環境をどう作るか、これも重要な役割である。

(4)　限界を見すえつつ、できることは何か

　どんなに工夫をしても、刑務所内でできることには限りがある。たとえば、刑務所では飲酒・ギャンブル・薬物使用をすることはできない。家族をはじめ、社会での身近な人との関係は距離が置かれていて、直接かかわることによって生じるトラブルもない。よって、面接や教育でいろいろな問題への対処法を話し合っても、実際の場面でそれを試すことができないのである。失敗をして、もう一度対処法を練り直す機会をもてないのである。出所した途端に本番が始まり、グループに戻ることはもうできない。近年、仮釈放により、刑の終了日までの期間を社会のなかで一定の管理下で過ごす、いわば社会人として再出発するにあたっての試運転期間を設ける、社会内処遇の重要性が指摘されている。社会内処遇にどのようにつなげるか、社会へのソフト・ランディングを施設内でどのように支援できるかを考えることも、重要な使命である。

　もうひとつ、私たちには犯罪の実体験が欠けている。これも限界のひとつである。当事者の力は大きい。経験した人の言葉には、超えられない力があるものだ。背伸びをせずに当事者の力を借りて、自分にできることを模索するのが、役割である。

7. おわりに

　受刑からの社会復帰を支援する心理職の仕事は、変化の途上にある。活動の場が広がり、新しい取り組みが次々展開していくかもしれない。司法・犯罪分野で働く心理職の多くが公務員であることや、民間職員であっても法令に則って仕事をすることが求められることから、公認心理師資格ができたことによる実務内容の変化は、現状では見られないようである。ひとつの変化としては、公認心理師養成に係る実習生の受入れが始まっていることが挙げられる。これにより、司法・犯罪以外の分野で働く心理職の中にも、非行や犯罪をした人の実際の姿に触れ、彼らの抱える背景事情を学んだ経験をもつ人が増えていくかもしれない。それはやがて、社会の中で非行や犯罪をしようとする人、し始めた人への早期介入の機会を増やすことになるのではないかと考えられる。

（歳桃　瑞穂）

❺　産業・労働分野：働く人への支援

　現代社会はストレス社会である。職場で働く人のストレスは、年々増加の一途をたどり、ストレスによる精神疾患で苦しんでいる人も、比例して増加傾向にある。職業人のメンタルヘルスを考え、サポートを通しながら、不適応の解消や職業生活の自立を図る援助が急務である。この節では、職場におけるメンタルヘルスと産業カウンセリングのあり方について考えていくことにする。

1. 職場のメンタルヘルス

⑴　ストレスについて

　カナダの生理学者セリエ（H. Selye, 1907-1982）は、ストレスを次のように定義している。「生体に対する物理的、心理的、社会的刺激を外部から受けることにより、緊張や歪みの状態を起こすと、生体はこれに順応、適応するための防衛反応を起こすことになる。これらの反応がストレスである」。ストレスが影響を与えるさまざまな身体症状を「身体化」という。心身の症状としては、肩

こりをはじめ、倦怠感、睡眠障害などさまざまな反応がある。身体的疾患としては、消化系の潰瘍であるとか、ぜんそくなどの器質的障害として表出するものと、偏頭痛や過敏性腸症候群のような機能的障害を表出するタイプの2つに分けることができる。また、精神疾患の代表的なものとしては、不安障害や気分障害、適応障害などがある。ストレスが原因となる情動的反応としては、不安をはじめ、緊張、抑うつ、意欲減退などが代表的なものである。さらに、ストレスが行動様式にも変化をもたらすことになり、アルコール依存や嗜癖、出社拒否、仕事上でのミスの連発や作業効率の低下として現れることがある。

　ストレスに対する反応には個人差があり、ストレス状態を規定しているのが、外部からの生体への刺激の量と強さであり、もうひとつはそれを受けとめる側の条件である。同じ出来事や同じ環境の変化を経験しても、一人ひとりの受けとめ方は違ったものになる。また、個人の人生観や価値観などもこれに関与していると考えられている。さらに、性格や遺伝によって親から引き継いだ素質も関係していると考えられる。

　(2)　**ストレスへの対応**

　個人のストレス対処行動をストレス・コーピングと呼ぶ。ストレスと上手に付き合うための方法を指し、ストレスの認知面から把握することができる。ラザルス（R. S. Lazarus, 1922-2002）は、ストレス・コーピングの類別化を行い、8種類に分けて提示している。これを、ストレスとの関係から、筆者は大きく2つに分けてみた。

　①ストレスの対処方法に関するものとしては、直接的対処行動、社会的支援を求める行動、問題からの逃避・避難、計画的な問題解決や積極的な再評価をあげることができる。

　②ストレスと自己に関するものとしては、自己と問題との距離を置くこと、自己コントロールを行うこと、自分で責任を引き受けることがあげられる。

　ストレスの対応には、このようなストレス・コーピングを上手に活用していけるようになることが重要なのである。

(3) メンタルヘルス相談に関する留意点

メンタルヘルス相談にあたって最も気を遣わなければならないのが、プライバシーの保護である。

相談者のプライバシーの保護にあたっては、相談者に関する情報を職場に伝える権利は、カウンセラー側にあるのではなく、相談者側にあることを肝に銘じておかなければならない。ただし、相談者が病識の欠如などで状況を認識できない場合は、カウンセラーに委任されることがある。相談内容以前の問題として、カウンセリングを受けたことを隠しておきたいと思う相談者の気持ちに、常に留意して対処しなければならないし、相談内容はもとより、相談に訪れたことすらも、不用意に上司等にもらしてはならないのである。

精神疾患を患っている相談者の場合、職場の同僚や上司に、病名を伝えるべきか問題になることがある。原則として、当人や家族の意向に従うことになるが、職場で継続して働く場合などは、了承を得て直属の上司など、職場のキーパーソンとなる人には、伝えるための努力をする必要が生じることがある。これは、相談者の職場での状況に関心を向けてもらうことで、病気の再発の兆候を早期に気づいてもらい、早期に対応することが可能になると考えられるからである。ただ、職場環境や職種に配慮し、職場の同僚などに病名を伝えた場合の、メリットとデメリットについて本人とよく話し合い、その上で本人に決めてもらうことになると思われる。

2．産業・労働分野におけるメンタルヘルスの実際

(1) 産業カウンセリングの目的と対象者

産業カウンセリングの目的は、勤労者の人間的成長を援助することである。人間的成長の意味するところは、単なる不平不満の処理とか、一時的な不適応の解決のみを指すのではなく、職業生活を通しての自立を、その主たるものとして考えていかなければならない。つまり、産業カウンセリングを行うことの目的は、働く人の生涯にわたる成長の過程を通して、その人のもつ潜在的能力が効果的に機能できるように、個人的、社会的技能を身に着け、さまざまな問

題解決や意思決定の能力を発達させることを援助することにあると定義することができる。

　産業カウンセリングは、企業という組織化された集団で働くすべての人を対象としている。従業員だけではなく、経営者もひとりの人間として理解し、両者にとってのより良い協同のための懸け橋として、組織の発展に貢献することが求められることになる。現在働いている人だけではなく、働きたいという意欲をもっていながら、さまざまな理由で働けない人に対しても進路指導や職業選択の援助を行うことになる。援助の内容としては、働く人の職場におけるあらゆる問題に対処することになる。このような職場生活上の問題とは、多くが職務や職場の問題から引き起こされてくるものである。ただ、問題はそれだけにとどまらず、働く人の職場生活に関する背景で起きているさまざまな事情も産業カウンセリングの対象になるのである。

(2)　メンタルヘルスのための援助

①心理療法とカウンセリング

　産業カウンセリングでは、働く人の不適応に対して、パーソナリティや疾病・疾患が問題とされる場合は、心理療法や適応相談的アプローチが求められることになる。ただ、問題行動の除去や治療だけではなく、人としての成長や発達も重要な援助項目としてあげられる。そのため、カウンセリング的援助を通してのメンタルヘルスの保持・増進のための活動も必要なものになってくるのである。職場において働く人は、ストレス要因に常に晒されているといえる。その結果、過剰なまでのストレスにより、メンタルヘルスにおいて問題が生ずることになる。ストレスにより、不全状態が引き起こされる前に、予防的ストレス対策が取られる必要がある。このように、ストレス・マネジメントも産業カウンセリングで行うもののひとつとしてあげることができる。ストレス・マネジメントを行うためには、カウンセリングや自己管理的側面として、自己への気づきや人間的成長を促進させること、抱えている問題の解決、認知の歪みの矯正を行っていくことが求められる。一方、集団管理の側面として、人事管理や職場環境の管理、働く人への教育訓練などが求められることになる。

②リラクセーション

産業カウンセリングでは、働く人のストレス対策のひとつとして、リラクセーションに関しての知識と訓練方法を、自分のものとしアプローチできるようにしておく必要がある。

リラクセーションの技法には、自律訓練法（8章4節参照）や漸進的弛緩法などをはじめとして、簡単に対応できるたくさんのトレーニング方法が生み出されている。産業カウンセリングを行うにあたっては、これらの技法を身に着け、カウンセリングのなかで必要に応じて自由に使いこなせるだけの習得が求められることになる。また、随時働く人へのリラクセーションの指導ができるようにしておくことが望まれる。

③メンタルヘルス教育

労働者のメンタルヘルスケアを推進していくためには、労働者自身がストレスにいち早く気づき、対処するための知識や方法を身につけ、それを実施できることが求められる。労働者がストレスやこころの健康について、普段から関心をもち、理解を深められるように、心理教育に心がけていくことが必要である。事業者を通して、労働者へのセルフケアに関する教育研修や情報提供を行い、こころの健康に対する理解の普及を図ることも産業カウンセリングのひとつと考えることができる。また、カウンセリングを行うにあたっては、相談体制の整備を図り、労働者自身が自発的に相談しやすい環境を整えたり、ストレスへの気づきのために、セルフチェックを行える機会を提供していくことも重要である。

管理監督者に対しては、部下である労働者を日常的に把握できる立場にあることや、職場における具体的なストレス要因を把握し改善できる権限をもっていることから、職場環境等の把握と改善、労働者からの相談対応などができるように、ケアに関する教育研修や情報の提供を行うことが求められる。

3．産業領域における心理職の業務

⑴　相　談　業　務

　労働者の人生にかかわる専門家として、あらゆる事態を想定した対応ができるように、専門的知識と心理療法やカウンセリングの能力を身に着けている必要がある。産業領域での活動であるがゆえに、人生設計のあり方やキャリア形成の過程に精通し、メンタルヘルスの理論並びに実践経験を十分にもち合わせ、援助のための情報収集が的確にできることが求められる。実際の相談にあたっては、労働者の不利益にならないように、個人情報の取り扱いに留意する必要がある。外部との連携を行う場合には、相談者の同意を得て行わなければならない。状況をよく分析した上で、関連部署への提案などを通して協働・改善を模索し、快適な職場環境を整えるための貢献をしていく。

⑵　事業場内のこころの健康づくり専門スタッフ

　事業場内のこころの健康づくり専門スタッフとして、相談業務にかかわるだけでなく、職場復帰や組織における管理監督者への支援・教育・研修などにも参加していくことになる。

⑶　企画・立案

　相談業務などを通して把握した組織の問題などから、問題解決のための制度やしくみ、体制や行動について分析・検討できる能力が求められる。そして、メンタルヘルスの推進やキャリア開発のしくみについて企画・立案もできるようにしておくことが必要である。

⑷　提　　　案

　企業では、メンタルヘルスに関する施策の必要性を理解していても、実際どのようなことをしなければいけないかまで把握している組織は非常に少ないといえる。心理職がメンタルヘルス施策などを提案するにあたっては、組織の意思決定を行う委員会や人事部門、経営者に対して、事実やデータをもとに科学的で具体的、論理的説明ができる能力を身に着けておかなければならない。

⑸　協働・連携

　メンタルヘルス活動を適切に推進するためにも、主治医・産業医・産業保健

スタッフをはじめ人事労務・管理監督者などの多くの専門家や組織関係者との協働・連携が求められることになる。

4．今後の産業領域における心理職の展望

　近年、日本の社会・産業・経済を取り巻く環境は大きく変化してきている。経済のグローバル化や少子高齢化社会、外国人労働者の増加などが、労働市場の構造的変化に刺激を与え、さまざまな雇用問題を生み出している。それに呼応するように、複合的ストレスを原因とする職場不適応やメンタルヘルス問題を抱える労働者は増加の一途をたどっている。その結果、カウンセリングの必要性が高まり、一人ひとりに見合った多様的な援助が求められるようになってきている。このような個人のキャリア問題を援助し、企業ニーズとの統合のために、臨床心理士に求められる仕事は計り知れないものになってきている。さらにこの分野では、EAP（Employee Assistance Program）という従業員支援プログラムが積極的に活用され、働く人のメンタルヘルスケアに加えて、職場の生産性や健全な運営を促進する取り組みがなされてきている。そのような需要に応えていくためにも、労働関係の法規に詳しく、高度な産業カウンセリングができる心理職を数多く育てていかなければならない。また、企業への働きかけを強化・充実させていくことも急務になってきている。さらには、他分野の専門家との連携構築も課題としてあげられる。

（渡部　純夫）

❻　大学機関での臨床活動：大学院附置心理相談室

　現在、多くの臨床心理士がこころのケアの現場で活躍しているが、彼らの多くは臨床心理士養成大学院である指定の大学院にて専門的な訓練および学業を修めた人々である。同時に多くの臨床心理士がはじめて臨床実践を積む、つまりはじめてクライエントを担当するセラピストとなる現場が、この大学院附置の心理相談室である。2018 年 10 月時点で 168 校の臨床心理士養成の指定大学

院があり、その大学院付属の実習機関として存在しているのが大学院附置心理相談室である。現在、臨床心理士の社会的認知度が高まった結果、こうした大学の心理相談室の認知度も高まり、20年以上前に比べ、こころの問題で心理相談室に来室するクライエントが増加している。

　相談室に来談するクライエントは、乳幼児から80歳代を超える高齢者のクライエントまで幅広い年齢層の方々が来談する。相談内容である主訴も、精神障害のような医療機関との連携が必要な症状を抱えるクライエントや、成績不振で困っている大学生、喧嘩が絶えない夫婦など多岐にわたっている。つまりあらゆる現場で見聞きするような相談内容が大学院の心理相談室にもち込まれる現状がある。その一方で、大学院によっては所属している教員の専門としている心理療法の技法の対象年齢、対象疾患の人々や、研究対象とした属性をもつクライエントを広く受け入れているところもあり、他の相談機関よりも、大学の個性が強く出る現場でもある。

　こうした状況においてクライエントに対して心理療法を担当するのは、おもに大学院生である。ほかの現場の多くは公認心理師・臨床心理士という資格保持者が対応することがほとんどであるが、大学院附置の心理相談室に関しては、インテーク面接を大学教員や有資格者が担当することはあっても、継続しての心理療法の実践は多くの場合は資格取得を目指す大学院生が担当することになる。そのため、スーパーヴィジョンやカンファレンスといった形でほとんどの院生セラピストが経験豊富な有資格者に指導を受けながら実践をする場となっている。またクライエントの多くは、研修中のセラピストであることを了解の上で相談される方がほとんどであるが、大学教員というこの分野におけるスペシャリストの相談を希望するクライエントも多く、セラピストの属性を確かめるニーズがクライエント側に発生するという珍しい現場でもある。

　実際にクライエントを担当する院生セラピストの多くは、自分たちに何ができるのかという不安とともに、できないことだらけであるという劣等感も抱きやすく、クライエントに心理療法を実践するという立場よりも「会わせていただく」という立場でクライエントと接することが多く見られる。こうした態度

が合わないクライエントは、すぐに相談を中断し、ほかの適切な機関へとケアを求めていくことも見られるが、この「会わせていただく」という態度が治療的な効果を生み出すこともある。クライエントの多くはさまざまな悩みにより自信を喪失し、自分という存在価値に疑問をもち始めている。そうしたクライエントに対して、ひとりのおとなが真剣に、それこそ全身全霊をもって話を聞き、なんとかそのクライエントのもつ悩みが改善へと至らないかと考える。その院生セラピストの姿勢がクライエントにとっては今まで得られなかった、他者に大切にされるという経験につながり自己肯定感を高めることや、院生という見習いの立場で真摯にクライエントに向き合い、同時に至らぬみずからと向き合うというセラピストの姿勢にふれることよって、クライエント自身も影響を受けることがある。また、こうした熱意あるセラピストの役に立ちたいという、今までのクライエントの悩みとは異なる次元の思いが生じ、こころのケアが進展することがしばしば見られる。

　一方でセラピストにとっては、自分の臨床実践においてはじめてのクライエントとの出会いが、この心理相談室であり、その後の心理臨床の方向性に影響を与えることがしばしばある。また人のこころの悩みや闇にふれるということがどのような責任が発生することなのか、また自分自身を鍛えていくということや観察自我、内省といった言葉が、実際にどのような意味をもつのかという体験を経ていく現場でもある。いわば、セラピストにとってのスタート地点が、この大学院附置心理相談室という現場となる。

　現在、大学院附置の心理相談室はほぼ日本全国にあり、地域のアンカーポイントである大学に心理相談室があるという点や、大学教員が管理運営しているという質の担保などの点から、今後の心理臨床の現場における基点となる可能性をもっている。幅広い対象のクライエントを受け入れ、地域のこころのケアに貢献するとともに、こうした地域に心理相談室から巣立つ公認心理師や臨床心理士を送り出すという点や、地域のニーズに根ざしたコミュニティ支援を担う現場としても今後より一層の発展の期待がもてる現場である。

（駒屋　雄高）

第10章

災害支援・危機支援
東日本大震災における地域に根ざす心理臨床活動

 巡回型スクールカウンセラーによる心理支援活動(岩手県)

1．巡回型スクールカウンセラーとは

　2011年3月11日に起こった東日本大震災の直後から、現地のスクールカウンセラー（以下SCと表記）らを中心に、被災した子どもたちへの心理支援が開始された。しかし東北の沿岸部はそうしたこころの専門家の絶対数が少ないため、外部からの人的支援が必要とされた。岩手県では、5月から6月にかけては、各都道府県の臨床心理士がチームを結成し、一週間交代で学校の支援にあたった。そして2学期からは、中長期支援を見据え、被災の大きかった地域に常駐し、担当地区内を巡回して活動するSCが必要とされた。これが巡回型SCである。

　岩手県の沿岸部で、2011年度は5人、2012年度は9人、2013年度以降は十数名の巡回型SCが継続的に活動している。巡回型SCは、それぞれ地域を担当し、そのなかの学校を巡回する。筆者はひとつの市を担当しており、市内の小中学校十数校を回っている。各校の状況やニーズによって、ほぼ毎週訪問する学校もあれば、月に1～2回勤務のところもある。通常配置のSCがいる場合は連携をとりながら、子どもとのかかわりを密にして活動を続けている。

　なお巡回型SCは、身分としては非常勤ではあるがフルタイムに近い勤務形態であること、そしてひとつの地域内の学校をほぼ網羅して活動することから、災害後の支援に限らず、全国的にも珍しくそして新しいSC活動の形である。

２．巡回型スクールカウンセラーとしての活動の実際

⑴　巡回型 SC としての活動内容

　筆者の巡回型 SC としての主な活動内容を表10-1 に示した。災害後の SC 活動といっても、大枠は 9 章 3 節で紹介した通り、通常の SC 活動とそう大きな変わりはない。一方で、災害後に特有の配慮や活動もあり、それらについて以下にまとめる。

①災害によるショックや恐怖への対応

　災害は人のこころに大きなショックや恐怖をもたらす。それによる反応をトラウマ反応と呼ぶ。嫌なことを思い出したり夢に見たりするため（再体験）、身構えて神経が過敏になり（過覚醒）、そのことに関連するものにはふれないようにしてこころの安全を守ろうとする（回避・マヒ）。つまり、これは誰にでも起こりうる当たり前の反応なのである。

　したがって、子どもたちにこうした反応についての正確な知識を伝え、その対処法を教える意味は大きい。それにより子どもは必要以上に不安にならずに済み、またそうした反応に自分で対処することができるようになっていく。

表10-1　巡回型 SC としての主な活動内容

対象	内容
児童生徒対象	・面接 ・授業へのサポート 　（災害後の心身の反応や対処法、リラクセーション、ストレスアンケート、 　　表現活動、仲間づくり、コミュニケーションなど） ・日常でのかかわり 　（授業等での観察、遊びや部活動等でのかかわりなど）
保護者対象	・面接 ・講演会 　（災害後の心身の反応や対処法、家庭でのコミュニケーションなど） ・カウンセラーだより「わたべ通信」 　（活動紹介、相談申込方法、災害後の心身の反応と対処法など）
教職員対象	・コンサルテーション 　（場合によっては面接的内容も含む） ・職員研修 　（災害後の心身の反応と対処法、時期に応じた対応、表現活動など）

②喪失への対応

震災で家族や友だちを亡くした子どもたちがいる。子どものこころは大きく揺らぎ、怒りや悲しみ、時に絶望すらも体験することがある。そこからの回復のポイントとして大切なのは、喪の作業（モーニングワーク）である。亡くなった人を偲び、その存在をこころのなかに確かに感じられることで、その喪失を少しずつ受け入れられるようになる。だがもちろん、こころの回復の時期やプロセスには大きな個人差がある。

したがって、喪失への対応の基本姿勢は、変わらない態度で寄り添うこと（髙橋，2011）である。自分の体験の個別性が尊重され、たとえこころが揺れても安定して寄り添ってもらえることで、子どもはみずからの体験に向き合っていくことができる。そうした形を継続的に整えていくことが求められ、そのためにも普段からの関係づくりが大切なのである。

③生活ストレスへの対応

災害は子どもたちの生活環境にも大きな変化をもたらす。多くの子どもたちが避難所や仮設住宅、親戚宅などで暮らすことになり、あるいは他の地域に引っ越すことになった子もいる。長時間のバス通学を強いられることもあった。仮設校舎を使ったり、他校を間借りしたりして授業を行っている学校もあったし、何年もの間、校庭に仮設住宅が建ち並んでいる学校も多かった。こうした状況は、2019 年現在ではほとんど解消されてきたとはいえ、たとえば親の職業の変化や経済的困窮の影響などはまだ続いているケースもある。さらに、地域コミュニティの変化など新たな生活上の問題も生じてきている。したがって、こうした生活上のストレスは、ただ続いていくというよりも、蓄積していくイメージで捉えたほうがよいのかもしれない。

そこで大事になるのがストレス・マネジメントである。これは、ストレスと上手に付き合い、対処していけるようになることを目指すものである。そのために、①でもあげたように、心身の反応とその対処法について伝える（心理教育）。そしてストレスが緊張を伴うものであるため、それをやわらげるためにリラクセーションを行う。そのための方法として、8 章で紹介された臨床動作法や自

律訓練法のほか、漸進性弛緩法や呼吸法などさまざまなものが使われる。また「顔じゃんけん」（阿部，2013）などゲーム形式のリラクセーションもある（図10-1）。

④**表 現 活 動**

災害から間もない頃、つまり体験がまだ生々しい時期は、子どもたちにその体験にふれさせることや表現させることは、望ましくないことである。それは新たなショックを生むだけでなく、無理にふれることへの抵抗により、体験をこころに押し込めてしまい、それが回復を阻むことになってしまうからである。

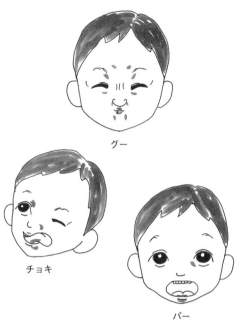

グー

チョキ

パー

図 10-1　顔じゃんけん

一方で、発災から３ヵ月ないし半年が過ぎ、中長期対応を考える上では、必要に応じて、むしろ体験に向き合ったり表現したりすることが重要なポイントになる。日常生活のなかでも、災害の話題を必要以上に避ける必要はなく、もちろん配慮は必要であるが、自然にふれていくことができる時期になる。むしろそれを避け続けてしまうと、必要以上に辛さをこころに封じ込めてしまうことにもなりかねない。

たとえば、震災から一年後などの節目の時期に、「一年をふりかえって」といったテーマの全校文集を作る取り組みが行われることがある。こうした表現活動を行うことにより、子どもたちが体験を整理し、こころのなかにおさめられるようになることが期待される。もちろん、そこにふれたくない子どもへの対応をはじめ、こうした表現活動を行う上ではさまざまな配慮が必要である（渡部，2013）。

表10-2　ある小学校での巡回型 SC としての一日

時間帯	SC の活動や思い
出　勤	出勤し、先生方に挨拶。副校長先生から最近の学校の様子について聞く。その後、コーディネーターの養護教諭と打ち合わせ。一日の予定について確認する。子どもの継続面接と新規面接がそれぞれ1件、新規の保護者面接が1件。その他、2年生の担任より、気になる子どもがいるので様子を見てほしいと依頼があったとのこと。
中休み	外に出て子どもと鬼ごっこなどをして遊ぶ。子どもたちが達成感や解放感を感じられるようになることを念頭に置きながら、時には本気で走り、時にはわざと捕まったりするなど、遊びのなかに意味をもたせていく。同時に、子どもたちの様子を観察し、普段と違った様子がないかをそれとなく確認する。 　中休みと3時間目の間のわずかな時間で、2年生の担任と打ち合わせをする。A君が最近落ち着かないとのこと。
3時間目	Bさんの継続面接。月に1～2回のペースで、一年くらい面接を続けてきた。はじめは折り紙やお絵描きが主であったが、最近になって、亡くなった家族との思い出をぽつりぽつりと語るようになってきた。家族の死に向き合おうとする気持ちを支えるようなかかわりをとる。
4時間目	2年生の授業を参観する。授業の準備などを手伝いながら、さりげなくA君を観察。音に対して敏感になっている様子が窺える。
給　食	この日は3年生とともに。隣に座ったC君が妙に甘えてくるので気になっている。あとで担任に聞くと、仮設住宅から出ることが決まりそうで、転校の可能性があるとのこと。
昼休み	D君の初回面接。最近になって、津波の夢を見るようになったという。丁寧に話を聴きながら、それはおかしなことではなく、誰にでも起こりうる当たり前の反応であることを伝える。そしてリラクセーションの練習をする。次回また様子を聞かせてもらう約束をして終了。
掃　除	校内を回り、掃除の手伝いをしながら、子どもの様子をみる。普段はおとなしい6年生のE君が、下級生にてきぱきと指示を出している姿に感心する。
5時間目	とくに予定が入っていないので、廊下の掲示物を眺めながら、校舎内を回る。震災直後は暗い色の絵ばかり描いていたFさんの色づかいが、最近明るくなってきたことに少しホッとする。邪魔にならない程度に授業の様子を覗いたりもする。
6時間目	母親面接。お子さんが最近落ち着かないとのことで来談。子どもを心配する母の気持ちに寄り添いながら話を聴いていくと、ふと、母自身が震災のことを思い出して眠れないことがあるとの話が出る。今まで誰にも相談できなかったと涙ながらに語る。心理教育を丁寧に行うとともに、リラクセーションの練習もし、寝る前に親子でやってみるように勧める。
放課後	コンサルテーション。かかわった子どもの担任一人ひとりと、養護教諭を交えて話をする。子どもたちの様子について情報交換しつつ、この時期に起こりやすい反応や今後の見通しについて伝え、教員らの日常のかかわりを支える。たとえば、音に敏感で落ち着かないA君の担任には、A君と個別に話す時間をとり、リラクセーションを一緒に練習してみてはどうかと提案する。 　その後、先生たちと雑談しつつ記録を整理し、最後に校長先生と少し打ち合わせをしてから退勤。

また、語り継ぐという視点も重要である。みずからの体験を教訓として、後の世代や他の地域に伝えていく。震災が辛い体験であったことには変わりはないのだが、こうして人の役に立ったりつながりができたりすることにより、体験にポジティブな要素を加えていくことができるかもしれない。それにより、体験の受け止め方が少しずつ変わっていくことが期待される。

⑵　ある日の活動

ここでは、発災から2年くらいが経った時期、つまり2013年頃の、ある小学校での筆者の一日の活動について表10-2に紹介する。なお、内容については、守秘の関係上、一部改変し、またいくつかの学校での活動を組み合わせて再構成している。

3．おわりに

東日本大震災の発災からまもなく9年を迎えようとしている。高台に造成された土地には住宅がようやく建ち並ぶようになり、かさ上げ地の区画整理も進み、仮設店舗で営業していたお店の多くが本設になるなど、街の復興もだいぶ進んではきた。一見すると日常が取り戻されているようにも見え、それもまた事実ではあるのだが、実は子どもたちが抱える問題は年々重くなっているようにも感じられる。その背景には震災後の生活の影響があることは間違いない。今もなお仮設住宅で暮らす子どももいるし、先に述べたようにさまざまな生活の変化によるダメージはだんだんと蓄積するものなのである。震災時幼かった、あるいは震災後に生まれたということは、震災後の大変な状況のなかで育ってきたということなのだ。われわれはそのことを肝に銘じなければならない。息の長い活動が求められている。

（渡部　友晴）

❷　交流の場を介した心理支援活動（宮城県）

1．心理支援活動の経緯

東日本大震災では宮城県においても、沿岸部を中心に地震、津波による甚大

図 10-2　被災直後の街の状況

図 10-3　カフェの内観

な被害を受けた（図10-2）。本節では、筆者が実際に派遣心理士チームのコーディネーターとして赴いた宮城県沿岸部での仮設住宅支援活動の実際について紹介し、災害時における心理支援の留意点について述べていきたい。

　日本臨床心理士会、日本心理臨床学会、日本臨床心理士資格認定協会が母体となって震災直後に開設された東日本大震災心理支援センターが、他の医療チームからの呼びかけに応じる形で活動を開始することとなった。心理支援センターは、震災直後の5月より一週間交代で被災地に全国からの心理職を派遣するというリレー型支援体制を組むこととなった。当初は壊滅的な被害を受けていた沿岸部（図10-2）を中心に活動拠点を模索していたが、こころのケアを実践することがことのほか難しかった。そこで、派遣心理士は、内陸部の避難所で地元の被災された方々と日常をともにしながら支援を継続することとなり一般ボランティアと同様に、支援物資の仕分けや運搬、畳の張替、所内清掃、風呂焚きのお伝いなど、生活のなかに入り一緒に汗を流すことに専念した。こうした活動のなかで、被災された時の体験や故郷を失った悲しみ、さらには仮設住宅に入り皆と離ればなれになって孤立してしまう不安などが語られ、派遣心理士は真摯に耳を傾けていった。

被災された方々の声に応える形で、避難所から仮設住宅へ移る家族が多くなった6月末に、沿岸部高台の仮設住宅脇の敷地に皆が顔を合わせて交流ができる居場所としてカフェ活動を展開することとなった（図10-3）。さらに翌年には別の地区に開設された居室型カフェへのサポートへと活動拠点を広げていった。派遣心理士は、利用者に近づきすぎたり、興味本位で話を無理に掘り下げたりすることなく、適度な距離感を推し量りながら相手が語れる範囲のことを丁寧に聞いていく。つまり、「そっと寄り添う」かかわりを心がけていた。こうした形での心理支援は地元の人たちにとって居心地の良いものとなり、カフェは癒しの空間、ほっとできる交流の場として定着していった。季節を問わず大勢の被災者が訪れ、カフェのなかでいろいろと語るようになった。その内容は、津波を受けた時の恐怖、生きることの意味、仮設住宅での生活の辛さ、家族や仲間を失った悲しさ、今後の生活への不安、故郷への思いなど普段は語られることのないさまざまな思いである。そして、子どもたちが玩具や将棋、トランプ、オセロゲームを楽しんだり、絵本を読んだり、木登りや体操など身体を動かしたり、憩いの場、安らぎの場、語らいの場としてだけでなく、遊びの場、交流の場、健康作りの場としての役割をもつようになった。心理チームは、生き生きとしたコミュニケーションができるように、仮設住宅で生活する人々が安心して顔を合わせ元気になれる場を提供できるように、地元の支援者の方々とも話し合いを重ねつつ、さまざまな工夫を施していった。

　2012年7月以降は、地元の臨床心理士会に心理支援活動の主体を引き継いで、震災により仕事を失い地元の町に再雇用された生活支援員の方々とともに現在もカフェという交流の場を介した仮設住宅支援活動を継続した。さらに、育児をする親のサポートを目指した母子支援や、被災した子どもたちのケアを目的とした学童支援活動など、あらたな展開も視野に入れて活動を行ってきた。

　カフェは2018年3月にその役割を終えたが、その後も心理支援チームが「お茶っこ会」を中心として、複数の集会所を巡回し、住民の方々と接している。

2．心理支援を行う際の留意点

　心理支援チームとしてカフェ活動を行う上での心がけたポイントについてふれる。まずは雰囲気で話しかけるかそっとしておくかの判断をする。お茶を出す時の声かけの反応で、どう話を進めていくかのアセスメントをし、直接話しかけるか少し離れて様子を見守るか、微妙な距離感を推し量る。これらは、いわゆる相手の様子をよく見て見立てを瞬時に行い、その反応に即して柔軟に対応を調整するということである。ここではやはりあくまでも利用者目線に立ってかかわることを大切にしている。心理的な視点に立ちながらも話を聞くが、必要以上に話を掘り下げない。相手が自発的に話すことを大切にし、こちらの興味本位ではかかわらない。相手のもっている力を引き出すようなかかわりを心がける。これらも、相手の内面に侵入しすぎることや、こちら側の都合で話を聞いて相手を傷つけたり退行させたりすることを未然に防ぐ重要なメッセージを含んでいる。また、こころの健康的な面に焦点をあてて潜在能力を見出して伸ばしていくことも重要である。これは、臨床心理的援助（小俣，2007）の本

表 10-3　被災地において心理支援を行う際の留意点

⑴　相手の話にしっかりと耳を傾ける（傾聴）。
⑵　相手の示すサインを敏感に感じとり、見守る、休ませる、共にいる、安心させる。
⑶　現地被災者のニーズを個別的に臨機応変に理解する。真摯かつ誠実に向き合う。 　　支援する側の本気と覚悟が必要。
⑷　生活を支える支援のためにチームワークや連携が重要。そっと寄り添う。 　　押し付けがましくなく、さりげなく。
⑸　「する」ことよりも、まず「いる」ことが基本。そばで佇むことも必要。
⑹　優先されるべきはあくまでも支援される側である。支援者の都合を押し付けない。
⑺　被災の程度には個人差があり、「前に進むこと」を強制しない。
⑻　現場感覚をもった支援者が、同じ方向を向いて継続的な支援体制を作る。 　　支援者組織のまとまり、そして活動を理解し支える社会との絆を大切にする。
⑼　支援において連携する地元のさまざまな職種や一般の方々の努力に敏感になる。 　　謙虚さと敬意の気持ちをもって接する。
⑽　支援する側が地元の皆様に受け入れて戴き、元気をもらっていることに感謝する。

質的なかかわり方であろう。そして、温かい笑顔で、利用者が安心していられる場の提供を心がける。これは、カフェが安心の場所、温かい気持ちになれて安心し、ホッとできる場所として機能するためには、不可欠なポイントである。このように不特定の人が来談するカフェという交流の場において心理支援を行う際には、相手の様子を丁寧にうかがいながら、さりげなく寄り添っていくようなかかわりが自然であろう。過度に相手にふみ込まず、かつ突き放さずに、適度な距離感にいることで、その場でそっと佇んだりくつろいだりしても良い居場所として機能し、安心して来訪しやすくなると考えられる。こうした空間を提供することが、被災された方同士が顔を合わせ、お互いを気づかい合い、元気になっていくようなきっかけづくりとなったようである。

　そして、被災地において心理支援を行う際の基本は謙虚さ、真摯さ、丁寧さが非常に重要であり、留意点については表10-3にあげる通りである。

3．派遣心理士チームをコーディネートする際に心がけたこと

　筆者がコーディネーターという立場で心理支援活動を継続するにあたっては、まずはチームとしての意思統一ができるように心がけた。やはり全国各地からのリレー型派遣体制ということで、お互い顔も知らないなかで一貫性をもった活動をしていくことには多くの困難があり、さまざまな工夫が求められた。まずは、WEB専用掲示板や電子メールを活用し、心理支援チームとしての活動の指針を立ち上げて、支援活動の方向性を共有した。そして、事前説明・活動報告会を毎月定期的に開き、チームとしての意思確認を行い、各陣の引継ぎがスムーズに行えるようにした。さらに、地元関係機関の代表者の方たちとの連携を密にとれるように、心理士が派遣に入る時と出る時には必ず顔を出して挨拶をするように努めた。このことにより、被災地の思いを汲み取りながら、お互いが顔の見える形での息の長い支援が可能となったといえる。

　発災から9年が過ぎ、高台移転や宅地造成が進み、街の風景も大分変わってきた。しかしながらかさ上げされながら使われない土地も多く、被災された方々の生活はまだまだ厳しい状況がある。故郷や職場を奪われ、家族や仲間を失っ

た方々の心理的なダメージは計り知れないものであり、まだまだ癒えることはない。特に避難所や仮設住宅での生活が長かった子どもたちは、生きる基盤そのものが脅かされる壮絶な体験をしており、今後も息長く見守っていく必要があることを忘れてはならない。

（小俣　和義）

❸　震災を受けながらの心理支援活動（福島県）

　東日本大震災では、東北から関東にかけて、広い範囲で甚大な被害に見舞われた。2万人近い死者・行方不明者を出し、多くの尊い命と家屋・財産、想い出や故郷が失われてしまったのである。被災者のこころの時計は、2011年3月11日で止まってしまい、時を刻むことを忘れてしまったかのようである。

　そんななか、福島の人々は地震・津波の脅威を感じた後、想像もしなかった原子力発電所の事故と遭遇することになったのである。福島はいつの間にか、世界からFukushimaと呼ばれるようになり、事故を起こした東京電力第一原子力発電所の立地場所として名前を知られるようになったのである。事故を起こした原子力発電所の収束作業は、いまだに続いており、作業終了は30年後とも、40年後ともいわれている。福島はいまだに被災状況下にあり、災害が続いているのである。

1.　震災直後の支援活動

　震災直後の心理的支援活動としては、原発事故から避難してこられた被災者や子どもたちが、どのような心理状態にあるのか情報を収集し、初期対応としてのカウンセリングを行うことであった。福島県教育委員会の要請のもと、避難所を回り、多くの避難してこられた人と話をし、子どもたちの様子を見て回った。子どもたちは、学校の体育館等でボランティアの中学生や高校生たちと、身体を使った遊びを行っていた。ただ、おとなの方は時間をもてあますように、ゲームを飽きることなく続けていたり、横になったまま一日を過ごす人も少なくはなかった。

ある避難所でおばあさんに話を聴かせていただいていた時、その方のお孫さんがいて、配給されたキャラメルをなめていた。話の途中で、おばあさんが、お孫さんにキャラメルを私にあげるように言って、私はいただいたのである。着の身着のままで避難してきたのではあるが、人に施しができること、そして感謝されることを通して、おばあさんは生きていることの存在価値を見出そうとしたのである。人はどんな状況であろうと、人のために役立ちたいと思うし、生きている意味を求め続けるのである。

2．震災 6ヵ月以降

　この頃になると、マスコミ報道が少なくなり、被災地への関心が徐々に薄れていった。インフラの整備が少し進むことと反比例するように、社会は被災した人々の個人的問題には関心を向けなくなっていった。福島というと、この頃から、他県への人口の流出が激しくなったように思われる。放射能の影響を恐れ、とくに小さい子どもを育てている母親や妊婦などが、子どもの健康を危惧して、放射線量の低いところへと避難を始めた。子どものための避難を巡って、夫婦の間で口論が絶えず、夫婦関係がぎくしゃくし、離婚に至るケースも沢山起きている。あるいは、仕事の関係で、夫婦のどちらかが福島に残り、もう一方の配偶者と子どもが福島を離れ、二重生活を送らなければならない状況が生まれている。子どもの成長に、母性と父性の両面からのアプローチが必要にもかかわらず、物理的条件からかなわないという辛い現実が起こっているのである。

　この時期、ボランティアとして、被災地の市町村の保健師や教員の方々と連絡を取りながら、現地に出かけて行って、保育所や幼稚園などで、子どものストレスやおとなのストレスについてのお話を伺い、問題を感じている方には個別にカウンセリングを行うことを続けていた。面接のなかでよく語られていた言葉としては、「夢であってほしい」「あの時から時間が止まってしまい動いていない」「まだ、被災は続いている。終わってはいない」等であった。また、8月のお盆の時期は、まだまだ身近な人が亡くなったことを受け入れられない

状況にもかかわらず、いつまでも霊を弔うためのお葬式を出さないではおけないことから、無理をしてでもお葬式を行う人が増えた時期でもあった。福島の原発事故の被災地では、放射線量が高いために遺体の捜索もできない状況のため、多くの方が苦しく辛い思いをしたのである。そんな思いをボランティアとして、何もできずにただ聴かせていただくだけであり、自分自身の無力感を痛切に味わうことになったのである。先述したように今を生きている人と一緒に、悲哀と向き合い、亡くなられた方との思い出を、こころのなかにもち続ける適切な場所を捜し出す作業を、喪の作業（mourning work）という。この時期、カウンセリングでは喪の作業のテーマと、なんらかの形でかかわることが多かったと思う。

　福島沿岸部に住む知り合いの女子学生が、津波に流されて亡くなった。ご遺体は震災後1ヵ月過ぎに発見された。残された父親の心情を思うと、言葉すら見つからなかった。筆者は、父親が悲しみに耐えながら娘の成仏を願い、お葬式をすぐにも執り行うものと考えていた。しかし、ご遺体が発見されてから1ヵ月が過ぎても、2ヵ月が過ぎてもお葬式の連絡は届かなかった。筆者は、父親が愛しい娘を失ったという事実と直面することができずにいるのではないかと考えた。さらに、悲哀による肉体的痛みや情緒的痛みに曝され、お葬式を準備するための力さえも奪われた状況にあるのではないかと想像した。

　家を失い、娘を失って、自分が生き残ったという事実に自分なりの意義を見つけることなど、わずか数ヵ月でできるほうがどうかしている。そう考えることが自然に思われた。これから時間をかけながら、父親は亡くなった娘の居場所を心のなかに見つけるための闘いをしていかなければいけない。そのことを思うだけで、筆者の胸は張り裂けんばかりであった。

　8月に入りお盆が近くなった時に、ようやくお葬式の知らせが届いた。お盆の時期に合わせるように、各地で行方不明者の葬儀が相次いで執り行われた。身内を亡くされた方々が、ご遺体が見つからなくても、お盆までには御霊を天国に送らなければならないと考えたからである。

　筆者は、お葬式に参列して、足が震え、頭が真っ白になった。祭壇には3人

の遺影が飾られていたのである。父親のお父様、奥様、娘さんである。自分の浅はかさを思い知った瞬間でもあった。父親の心情を推し量って、理解したつもりになっていた自分の愚かさを恥じた。

　このような、筆舌に尽くしがたい家族の別れを、多くの方が経験したのである。福島は原発事故のため、遺体を探すことすらできない状況に置かれていたのである。

3. 震災1年以降

　福島は原発事故以降風評被害との戦いの日々であったように思われる。そのような状況を生み出した原因にあたるものが、日本中の多くの人が、今まであまり意識していなかった、自然や社会や世のなかに対する基本的信頼を失ったことにあると考えている。安全神話が崩れ、自分たちをいつも護ってくれると思っていた、今までの日常生活の根底が大きく覆されることになった。人々のこころは疑心暗鬼になり何を信じてよいかわからなくなった。普段意識すらせず、変わることはないと信じていた大切なものが失われてしまったという衝撃が、風評被害やその他諸々の問題を生み出してきたと考えることができる。このような状況に対応するために必要なことは、「日常生活を取り戻すこと」に尽きると思われる。

　仏事に「一周忌」がある。故人が亡くなった日から1年を経過すると、遺族の喪中期間が終わるのである。そのことを契機に、つらい思いを抱きながらも、生きている私たちは、生かされた意味を問い始めなければならないのである。

　私が被災直後から話を聴いているある人は、友人を津波で亡くした。幼なじみで親友でもあった友を亡くしたことで、今まで好きだった海に怖さを抱き、嫌いにさえなってしまった。面接当初自分の感情に翻弄されている状況であったのだが、やり場のない感情を引き受けながら聴いていくことで、1年を経過して「自分がなぜ生かされたのか」を考え始めるようになったのである。

　オーストリアの精神科医であるフランクル（V. H. Fankl, 1905-1997）は、ナチスの強制収容所の体験から得たものをもとに、人生に何かを求めるという発想

を転換し、「人生が、今ここで自分に対して具体的に何を問いかけているか」に耳を傾けることが大切であるかを打ち出している。地震と津波、原発と風評被害の福島で生活し、心理面の援助活動を行うにあたって必要なことは、生かされていることに対し、謙虚な姿勢を貫き通すことで、人生から何を問いかけられているのかに耳を傾け、真剣に考え続けていくことで、生きる勇気や力を手にすることが可能になると思うのである。

4．震災から9年が過ぎて

　震災から9年が過ぎ、福島の現状が語られることは極端に少なくなった。原発の廃炉作業も一進一退の状況にあるのではあるが、多くの人々の関心は原発よりもオリンピックに移っているように思われる。しかし、福島はいまだ震災中であり、多くの人が自分の故郷に帰れない状況にある。トラウマ体験が癒されず、精神的疾患などで苦しんでいる人が、生活という営みの中に隠れ、自分の苦しみを表出できない状況が生まれている。震災から9年も経過して、何を甘えているのかといった声を聴くこともある。自然災害がいたるところで起こっている現状を見ると、福島どころではないのかもしれない。

　2019年9月に、原発地区から避難を余儀なくされ、仮校舎で学校生活を続けている小学生やその親、先生との面接調査があった。役所の方針で、仮校舎を出ていかなければならなくなったのである。子どもたちは、それぞれ離れ離れになり、新しい学校で生活をしていくことになる。親も慣れない環境になじんでいかなければならない課題が突きつけられたのである。子どもとの面接では、勉強の事や友達との付き合いなどが話にあがるのではあるが、背景には不安や感情のコントロールが効きにくいトラウマ的要因が見え隠れしていた。福島のこの子らが、思春期を迎え大人になった時に、どのような自我状況で社会と接して行くのか、これからも継続的に見守っていかなければならないのが、震災から9年を経過した福島の姿である。

（渡部　純夫）

緊急支援のアウトリーチ

　現代社会においては、大地震、台風、洪水、噴火などの自然災害とともに、事件や事故による犯罪被害者支援も心理職としての重要な活動となっている。減災や防災の他に、子育て支援や高齢者支援、そして児童虐待の予防や対応、自殺の防止、遺族者ケアなど、心理職の果たすべき役割は多岐にわたってきている。

　こうした潜在的な心理支援のニーズに応えるためには、面接室で来談を待っているだけではなく、支援者が地域に溶け込み直接出向いて心理的ケアに取り組むアウトリーチ活動が欠かせないものとなっている（1章2節参照）。アウトリーチ活動では、問題意識や受援動機を持たない人、サービス利用に不安や拒否感情を抱く人を支援対象とすることが多い。さらには、ひきこもりや不登校ケースへの訪問カウンセリング（寺沢, 2016）や、災害や惨事での緊急支援活動（小澤ら, 2017）としても実践されている。問題意識の乏しい少年が非行や犯罪、事件を起こさないために、問題を未然に予防するための啓発や心理教育などの積極的な働きかけを地域に向けて行っていくことも重要になってくる。

　アウトリーチ支援では、心理職には、迅速な行動力と地域文化に順応できる柔軟性、そして危機管理能力、さらには円滑な連携を作れるコミュニケーション能力が不可欠であるといえる。場合によっては、支援の場を作り出すためのコーディネートをしていくことから始めなければならないこともあり、周囲との信頼関係を築き無用な軋轢を起こさずに統率していく能力も求められ、こころの専門家としての力量が問われてくる。

　2020年現在、日本臨床心理士会災害支援プロジェクトチームでは、災害支援心理士活動ガイドライン（日本臨床心理士会, 2019）を作成し、研修会や対策会議を重ね、危機支援・緊急支援に対応すべく準備を進めている。こころの専門家が組織として知恵を絞り、人々の安全と健康を守るべく、連携体制が円滑なものにするための整備を行っている。

(小俣　和義)

関心を向け続けることの大切さ

2011年3月11日未曾有の大地震、発生──のちに「東日本大震災」と呼ばれた大地震の時、あなたはどこでどのように過ごしただろうか。

私は、その日を関東の都心で過ごしていた。感じたこともない揺れに驚き、交通網も麻痺したなか、何が起きたかわからないまま、外出先でコートを布団がわりに一晩を過ごした。ただ驚くばかり、本当に大変なことが起きたのだと知ったのは、ニュースで津波の映像を見た時だった。携帯電話の小さな画面に、うねり狂った黒い波と次々に町が飲み込まれる様子が映し出されていた。

都会では情報と不安とが交錯しつつも、混乱から通常の動きをとり戻そうとしていた。さまざまな情報をキャッチしながら、心理士としての私が心配になったのは、自分が受け持っているクライエントたちのことだった。心理的援助を必要とする人たちは、この事態において、不安や感情の混乱にどのように対処しているだろうか。相談機関も緊急の閉室を余儀なくされた今、孤独感にさいなまれていないだろうか。正直に言えば、すさまじい変動のなかで、自分自身と担当しているクライエントをどう支えるかを考えるだけで手一杯だった。そんななか気づくと被災地に向けた支援体制が次々に立ち上がっていたのである。

1995年1月の阪神淡路大震災の際、臨床心理士が活躍し、PTSD症状を呈した被災者たちの心理支援にあたったことは知識として知っていたし、今回の震災でもおそらく衣食住の支援が落ち着いたら心理支援が求められるだろう、と漠然と感じてはいた。しかし、被災地支援とはそんなにのんびり構えている余裕があるものではなかった。支援要請が来てから動いたのでは遅いのである。私は現地に支援員として赴いてはおらず、先生や先輩、友人の活躍を見守ってきただけにすぎないが、そのなか今できることとして感じたことを書いていく。

心理支援というと"専門家"のイメージが強いと思う。しかし、実際に支援に向かったなかには、経験の少ない若手や大学院生もたくさんいたのである。現地に直接支援に行けない人でも、寄付や支援者の支援という形で、間接的に支援することができた。私自身もそうだったが、何かしたいという気持ちがあっても自信のなさから被災地支援を躊躇する人は多いと思う。自分に何ができるだろうか、かえって迷惑をかけるのではないだろうか、と足が動かない。けれど、そんな私たちにも必ずできる支援がある。それは"関心を向け続けること"である。

現地支援に行ってきた方に話を聴くと、何かが「できた」という思いで帰ってきた人は少ない。何もできないかもしれないけれど、寄り添う気持ちを大事にしていたという人がほとんどである。被災者のための支援とは、深い専門的知識がなくても、細やかな配慮が必要であることは間違いない。ちょっとした表情や声色の変化、言動から心理状態の変化をよみとることの大事さはいうまでもない。また、大丈夫そうに見えていても何かのきっかけで不安感や深い哀しみが噴き出すこともある。時間の流れとともに、少しずつ癒える傷もある。しかし、何年経っても癒えない場合もあり、記念日反応のように被災した日時、または亡くなった家族の誕生日や思い出によって、情緒不安定になることは少なくない。そんな時にまわりは、過ぎたことだからとごまかさないで、確実に受け止める体勢が不可欠なのである。被災者の方々が悲しみや怒り、辛さを言葉にするのは今とは限らない。何年先だとしても、耳を傾けられるように、そのために目を伏せないことが大事なのである。

　年月が経って、被災地についてニュースで取り扱われることが少なくなってきている。しかしそれは、復興が進んだこととは同義ではない。ともすると、私たちは少し離れた被災地が抱えている現状を見ないふりができてしまう。自分には何もできないから……と関係ない話にしないでほしい。「無関係だと思わないこと」がまず私たちにできる支援ではないだろうか。関心を向け続けていることで、自分にできることが見つかるかもしれない。できないからとあきらめない、何もできていなくても、目を伏せずに関心を向ける、そして寄り添う姿勢を忘れないことが私にできる支援なのではと思いながら、目の前のことに向き合っていく日々である。　　　　　　**（大西　恵）**

学びのポイント　◀第Ⅳ部

・臨床心理士が活動する臨床実践の現場にふれる。
・医療、教育、福祉、司法・矯正、産業、大学、コミュニティなど、各領域おけるこころの専門家の活動についてイメージを膨らませる。
・各臨床現場で実際に活動する際に留意すべき点を十分に心得る。
・東日本大震災がもたらした心理的影響について深く考える。
・災害時におけるこころのケアの重要性を実感的に理解する。
・こころの専門家を目指すにあたっては、みずからの人間性や社会性を磨き、専門性を高める努力を続けていく。

終　章
こころの専門家としての社会的使命

　本書にてこれまで述べてきたように、心理職がかかわる対象や課題、領域は、多岐にわたっている。周知の通り、病気や災害、事件などでは、こころの問題とつながるものであり、社会的な要請も非常に大きく、こころの専門家としての力量が問われるところである。どの領域においても共通することであるが、起きている出来事をありのまま受け止め、目の前の相手に畏敬の念をもって真摯に向き合い、問題の改善に向けてできる限りの支援を尽くしていくことが求められる。

　そして、精神疾患への誤解や偏見をなくすように、社会に向けてこころの問題への理解を深めてもらうことが重要である。その際には、個人や組織のプライバシーに十分に留意しつつ、実践している活動をなるべくありのままに伝えていくという難しい作業が求められる。こころの専門家は、セラピーの枠を守りながら自由な感情表出を促したり、感情移入しつつも客観性を保つという二律背反的な状況を乗り越えていく強さが必要なのである。なぜなら、こころの専門家が接するのは、相反する入り混じる複雑な状況ばかりだからである。

　さらに、自分たちが実践し、研究成果として積み上げてきたものを若い世代に伝えていくという大切な使命もある。そのためには、専門家を志すかどうかにかかわらず、多くの人たちに心理職の仕事について知ってもらい、現代社会のなかで起こっているこころの問題について関心をもってもらう責務がある。本書を刊行した背景には、筆者らのそうした強い思いが込められている。

　本書を読まれた一人ひとりがこころのケアに関心をもたれ、日頃から自分自身の内面に関心をもつとともに、家族、友人などを通して豊かな人間関係を築けるように心がけていかれることを望みたい。なぜなら、こころの問題は、専

門家を介さずに日常の人間関係のなかで解決していくことも多く、人と人とが
お互いに労り合い、助け合える関係になることがこころのケアにつながってい
くからである。その上で、こころの専門家を目指す人は、専門知識を学びつつ、
ボランティアや実習などを通して、さらに研鑽を続けていってほしい。

　本書のタイトルにもある「こころのケアの基本」は、こころの専門家は常に
謙虚な態度をもち、出会う一人ひとりから「教えていただく」という姿勢で、
そばに寄り添い一緒に考えていくことである。深刻な悩みや症状をすべてとり
払っていくことは難しい。そこで、自身の問題を受け入れ、しっかりと向き合っ
てもらえるように支えていく。そのためには、課題を上手に抱えながらよりよ
く生きられるように、相手の能力をひたすら信じてかかわることが重要である。
そして、個人・家族・組織・地域を含め、かかわる対象すべてのことに最善を
尽くせるように徹底的に考え抜き技能を磨き、覚悟をもって行動し続けていく
ことがこころの専門家に課された最大の使命であると思う。

＊　＊　＊　＊　＊

　これから臨床心理学を勉強しようとしている人に興味をもってもらい、ここ
ろの専門家を目指そうとする人にお役にたてるような図書を作れないかと常々
考えていた。そんななか、北樹出版社長の木村哲也さんから本企画のご提案を
いただいた。貴重な機会を与えてくださったことに感謝したい。そして、編集
部の花田太平さんと古屋幾子さんが、細かい構成と編集、そしてわれわれ執筆
者への温かいサポートをくださった。こころのケアに対する深い理解と、粘り
強くかつち密で丁寧な対応のおかげで増補版も発刊することができ、この場を
お借りして厚く御礼を申し上げたい。また、本書をまとめるにあたって、貴重
なご助言をしてくださった駒屋雄高先生や大西恵先生をはじめ、日々の臨床実
践・研究・教育活動でご多用のなか、14名のこころのケアの専門家にご執筆
のお力添えをいただいたことにこころから感謝する次第である。本書を手にし
てくださった読者の皆様にわれわれの思いが伝わったとしたら本望である。

2013 年 5 月 2 日　　編者　小俣　和義

引用・参考文献

序　　章

岡堂哲雄（監修）（2005）．　臨床心理学入門事典　至文堂

小俣和義・野町一成・荒木麻子（2007）．　心理臨床初級者が抱える課題とそれを克服するための工夫　青山学院大学心理臨床研究，7, 77-85.

丹治光浩・渡部未沙・藤田美枝子・川瀬正裕・大場義貴・野田正人（2004）．　心理臨床実践における連携のコツ　星和書店

第Ⅰ部　臨床心理学的研究と心理臨床の対象

馬場禮子・永井撤（編）（1997）．　ライフサイクルの臨床心理学　培風館

DSM-Ⅳ-TR　精神疾患の診断統計マニュアル　新訂版　高橋三郎ら（訳）　医学書院

Erikson, Erik H. & Joan M. Erikson（2001）．　ライフサイクル、その完結　みすず書房

Havighurst, R. J.（1997）．　ハヴィガーストの発達課題と教育　児玉憲典・飯塚裕子（訳）　川島書店

金沢吉展（2006）．　臨床心理学の倫理を学ぶ　東京大学出版会

河合隼雄（1994）．　大人になることのむずかしさ　河合隼雄著作集14　流動する家族関係　岩波書店

川瀬正裕・松本真理子・松本英夫（1996）．　心とかかわる臨床心理　ナカニシヤ出版

小阪憲司（2009）．　知っていますか？　レビー小体型認知症　メディカ出版

小阪憲司（2012）．　第二の認知症　増えるレビー小体型認知症の今　紀伊國屋書店

厚生労働省（2012）．　平成23年度福祉行政報告例の概況

厚生労働省（2012）．　児童相談所での児童虐待相談対応件数

厚生労働省（2012）．　子ども虐待による死亡事例等の検証結果等について　社会保障審議会児童部会児童虐待等要保護事例の検証に関する専門委員会第8次報告

厚生労働省社会・援護局障害保健福祉部（2008）．　発達障害の理解のために

黒川由紀子・斎藤正彦・松田修（2005）．　老年臨床心理学　有斐閣

文部科学省（2011）．　平成23年度　児童生徒の問題行動等生徒指導上の諸問題に関する調査

鍋田恭孝（編）（2007）．　思春期臨床の考え方・すすめ方　金剛出版

日本臨床心理士会（2009）．　倫理ガイドライン

二宮克美・子安増生（編）（2006）．　パーソナリティ心理学　新曜社

小此木啓吾・深津千賀子・大野裕（編）（1998）．　こころの臨床家のための精神医学ハンドブック　創元社

小俣和義（2003）．　子どもの心の問題と対応Ⅰ　平山諭・早坂方志（編）発達の臨床からみた心の教育相談　ミネルヴァ書房　pp.141-164.

小俣和義（2007）．　思春期の精神病理と自立支援　村尾泰弘（編）青年期自立支援の心理教育　現代のエスプリ，**483**，至文堂　pp.175-186.

榊原洋一・福田倫明・木津純子（2004）．　脳と心の病に効く薬　かんき出版

佐藤達哉・溝口元（編著）（1997）．　通史日本の心理学　北大路出版

下山晴彦（編）（2003）．　よくわかる臨床心理学　ミネルヴァ書房

忠井俊明・本間知巳（編著）（2006）．　不登校・ひきこもりと居場所　ミネルヴァ書房

渡部純夫（2011）．　家族の諸問題と福祉心理学的アプローチ　佐藤泰正・中山哲志・桐原宏行（編著）　福祉心理学総説　田研出版　pp.197-214.

第Ⅱ部　心理的アセスメント

遠城寺宗徳（2009）．　遠城寺式・乳幼児分析的発達検査法　九州大学小児科改訂新装版　慶應義塾大学出版会

深津千賀子（2004）．　SCT（文章完成法）　岡部祥平・阿部惠一郎・鈴木睦夫・深津千賀子・川嵜克哲・菊池道子・小川俊樹　投映法の見方・考え方　財団法人明治安田こころの健康財団　pp.87-101.

林勝造（2007）．　PF スタディ解説　2006 年版　三京房

上里一郎（監修）（2001）．　心理アセスメントハンドブック　第 2 版　西村書店

小山充道（編）（2008）．　臨床心理アセスメント　金剛出版

永井撤（2013）．　心理面接の方法——見立てと心理支援のすすめ方　新曜社

日本健康心理学研究所（1996）．　ストレスコーピングインベントリー　自我態度スケール　マニュアル——実施法と評価法　実務教育出版

沼初枝（2009）．　臨床心理アセスメントの基礎　ナカニシヤ出版

下山晴彦（2008）．　臨床心理アセスメント入門　金剛出版

鈴木睦夫（1997）．　TAT の世界　物語分析の実際　誠信書房

氏原寛・岡堂哲雄・亀口憲治・西村洲衞男・馬場禮子・松島恭子（編）（2006）．　心理査定実践ハンドブック　創元社

Wechsler, D.　日本版 WISC-Ⅳ刊行委員会（訳編）（2010）．　日本版 WISC-Ⅳ　理論・解釈マニュアル　日本文化科学社

横山和仁（編著）（2005）．　POMS 短縮版　手引きと事例解説　金子書房

財団法人田中教育研究所（編）（2003）．　田中ビネー知能検査Ⅴ　理論マニュアル　田研出版

第Ⅲ部　心理学的支援法

安部恒久（2010）．　グループアプローチ入門——心理臨床家のためのグループ促進法　誠心書房

Axline, V. M. (1947). *Play Therapy: The Inner Dynamics of Childhood.* Cambridge, MA.: Houghton Mifflin.（小林治夫（訳）(1972)．遊戯療法　岩崎学術出版）

馬場禮子（1999）．　精神分析的心理療法の実践　岩崎学術出版

Case, C. & Tessa Dalley (1997).　岡昌之（訳）芸術療法ハンドブック　誠信書房

Freeman, A., Felgoise, S. H., Nezu, A. M., Nezu, C. M. & Reinecke, M. A. (2005). *Encyclopedia of Cognitive Behavior Therapy.* New York Springer-Verlag（内山喜久雄・大野裕・久保木冨房・坂野雄二・沢宮容子・冨家直明（監訳）(2010)．　認知行動療法辞典　日本評論社）

藤原勝紀編（1994）．　三角形イメージ体験法に関する臨床心理学的研究　九州大学出版会

グロッセ世津子（2003）．　園芸療法のこころ　ぶどう社

原和子（編著）（2011）．　園芸療法とリハビリテーション　エルゴ

東山紘久（1994）．　箱庭療法の世界　誠信書房

弘中正美（2000）．　遊びの治療的機能について　日本遊戯療法研究会（編）　遊戯療法の研究　誠信書房　pp.17-31.

伊波和恵・浜治代（1993）．　老年期痴呆症者における情動活性化の試み——化粧を用いて　健康心理学研究, **6**(2), 29-38.

乾吉佑（2009）．　思春期・青年期の精神分析的アプローチ　遠見書房

河合隼雄（1967）．　ユング心理学入門　培風館

河合隼雄（編）（1969）．　箱庭療法入門　誠信書房

川瀬正裕・松本真理子・松本英夫（著）（1996）．　心とかかわる臨床心理　ナカニシヤ出版

北西憲二（1998）．　実践・森田療法　講談社

小山望（編）（2009）．　わかりやすい臨床心理学入門　福村出版

黒川由紀子（2005）．　回想法——高齢者の心理療法　誠信書房

前田重治（1985）．　図説　臨床精神分析学　誠信書房

松岡洋一・松岡素子（2009）．　自律訓練法　日本評論社

水島恵一（1985）．　イメージ・芸術療法　人間性心理学体系第3巻　大日本図書

宮内勝（編）天笠崇・安西信雄・池淵恵美・熊谷直樹・前田ケイ（2005）．　わかりやすい生活技能訓練　金剛出版

宮田敬一（1994）．　ブリーフセラピー入門　金剛出版

水島恵一・上杉喬編（1986）．　イメージの人格心理学　誠信書房

森谷寛之（1995）．　子どものアートセラピー　金剛出版

森谷寛之・竹松志乃（編著）（1996）．　はじめての臨床心理学　北樹出版

諸富祥彦（1997）．　カール・ロジャース入門——自分が"自分"になるということ　コスモス・ライブラリー

村瀬嘉代子（2008）．　心理療法と生活事象　金剛出版

中釜洋子（2010）．　個人療法と家族療法をつなぐ　東京大学出版会

中釜洋子・野末武義・布柴靖枝・無藤清子（2008）．　家族心理学　有斐閣ブックス

成瀬悟策（2000）．　動作療法——まったく新しい心理療法の理論と方法　誠信書房

成瀬悟策（2007）．　動作のこころ　臨床ケースに学ぶ　誠信書房

Naumburg, M.（1995）．　中井久夫（監訳）内藤あかね（訳）　力動志向的芸術療法　金剛出版

日本家族研究・家族療法学会（編）（2013）．　家族療法テキストブック　金剛出版

野島一彦（編）（1999）．　グループ・アプローチ　現代のエスプリ，**385**，至文堂

二宮克美・子安増生（編）（2006）．　パーソナリティ心理学　新曜社

貫行子（2009）．　新訂　高齢者の音楽療法　音楽之友社

小此木啓吾・岩崎徹也・橋本雅雄・皆川邦直（編）（1981）．　精神分析セミナー 1　精神療法の基礎　岩崎学術出版

小俣和義（2006）．　親子面接のすすめ方——子どもと親をつなぐ心理臨床　金剛出版

小俣和義（2010）．　親子面接の支援計画と実践的アプローチ　臨床心理学，**10**(6)，820-825.

Rogers, C. R.（1951）．　Client-Centered Therapy: Its Current Practice, Implication, and Theory. Hougton Mifflin.（保坂亨・諸富祥彦・末武康弘（訳）（2005）．　ロジャース主要著作集 2　クライエント中心療法　岩崎学術出版社）

Rogers, C. R.（1957）．　The Necessary and Sufficient Conditions of Therapeutic Personality Change. *Journal of Consulting Psychology*, **21**, 95-103.（伊東博・村山正治（監訳）（2001）．　ロジャース選集——カウンセラーなら一度は読んでおきたい厳選 33 論文　上巻　誠信書房　pp.265-285.）

佐々木雄二（編著）（1989）．　自律訓練法　講座サイコセラピー 3　日本文化科学社

下山晴彦（2011）．　認知行動療法とは何か　下山晴彦（編）　認知行動療法を学ぶ　金剛出版　pp.14-33.

下山晴彦（編）（2003）．　よくわかる臨床心理学　ミネルヴァ書房

篠田知璋・高橋多喜子（2000）．　高齢者のための実践音楽療法　中央法規出版

白川佳代子（2001）．　子どものスクィグル　ウィニコットと遊び　誠信書房

杉田峰康（1990）．　交流分析のすすめ　日本文化科学社

田嶌誠一（1987）．　壺イメージ療法　創元社

鶴光代（2007）．　臨床動作法への招待　金剛出版

山上敏子（2005）．　行動療法　乾吉佑・氏原寛・亀口憲治・成田善弘・東山紘久・山中康裕（編）　心理療法ハンドブック　創元社　pp.76-86.

吉村麻奈美（2009）．　下山晴彦（編）　よくわかる臨床心理学　ミネルヴァ書房　pp.18-19.

第Ⅳ部　心理臨床の実践

阿部昇（2013）．　全身じゃんけん・顔じゃんけん　一般社団法人社会応援ネットワーク（編）　こころのサポート映像集

Chiles, J. A. & Kirk D. Strosahl（2008）．　高橋祥友（訳）自殺予防臨床マニュアル　星和書店

藤本修・藤井久和（編著）（1989）．　メンタルヘルス入門　創元社

福田真也（2007）．　大学教職員のための大学生のこころのケア・ガイドブック　金剛出版

浜井浩一（2006）．　刑務所の風景──社会を見つめる刑務所モノグラフ　日本評論社

東日本大震災心理支援センター（2012）．　南三陸町心理支援活動報告

廣井亮一（2012）．　加害者臨床　日本評論社

伊藤美奈子（2002）．　スクールカウンセラーの仕事　岩波書店

乾吉佑（2007）．　医療心理学実践の手引き　金剛出版

加藤尚子（編著）（2012）．　施設心理士という仕事──児童養護施設と児童虐待への心理的アプローチ　ミネルヴァ書房

小西聖子（2006）．　犯罪被害者の心の傷　白水社

厚生労働省（2012a）．　情緒障害児短期治療施設運営指針

厚生労働省（2012b）．　児童相談所運営指針

町田いづみ・保坂隆・中嶋義文（2001）．　リエゾン心理士　星和書店

増沢高（2009）．　虐待を受けた子どもの回復と育ちを支える援助　福村出版

増沢高（2011）．　事例で学ぶ　社会的養護児童のアセスメント──子どもの視点で考え、適切な支援を見出すために　明石書店

増沢高・青木紀久代（編著）（2012）．　社会的養護における生活臨床と心理臨床　福村出版

村山正治・滝口俊子（編）（2012）．　現場で役立つスクールカウンセリングの実際　創元社

永井撤（監修）（2008）．　思春期・青年期の臨床心理学　培風館

中釜洋子・齋藤憲司・髙田治（2008）．　心理援助のネットワークづくり──“関係系”の心理臨床　東京大学出版会

日本臨床心理士会（2016）．　第7回臨床心理士の動向調査報告書

日本臨床心理士会災害支援プロジェクトチーム（2019）．　災害支援心理士の活動のためのガイドライン

日本産業カウンセラー協会（編）（1998）．　産業カウンセリング入門

小俣和義（2007）．　臨床心理的援助について　外来精神医療, **7**(2), 100-103.

小俣和義（2012）．　交流の場を介した被災地心理支援モデル　外来精神医療，**12**(1), 8-12.

小俣和義（2012）．　東日本大震災における心理支援活動　青山学院大学心理臨床研究，**12**, 33-40.

小俣和義（2013）．　震災における心理支援の心得　青山学院大学心理臨床研究，**13**, 39-45.

小俣和義（2013）．　被災地宮城県における心理支援活動　青山学院大学教育人間科学部紀要，**4**, 71-82.

大関信隆・皆川州正・渡部純夫・小松紘（2006）．　介護施設職員の生活状況とストレス反応との関係　感性福祉研究所年報，**7**, 41-52.

杉村省吾・本多修・冨永良喜・髙橋哲（編著）（2009）．　トラウマと PTSD の心理援助　金剛出版

諏訪賀一（2013）．　日常性に向かって——長期派遣型カウンセラーの視点から　発達，**133**, 31-38.

鈴木伸元（2010）．　加害者家族　幻冬舎

田嶌誠一（2009）．　現実に介入しつつ心に関わる　金剛出版

田嶌誠一（編著）（2010）．　不登校　ネットワークを生かした多面的援助の実際　金剛出版

髙橋哲（2011）．　災害、事件、事故のあとで（研修資料）　http://www.jsccp.jp/jpsc/pdf/takahashi.pdf（2013 年 2 月 1 日アクセス）

冨永良喜（2012）．　大災害と子どもの心　岩波書店

内田利弘・内田純子（2011）．　スクールカウンセラーの第一歩　創元社

渡部友晴（2013）．　災害後の心理支援としての表現活動——東日本大震災で被災した地域の学校における「一年をふりかえる」表現活動のとりくみ　心身医学，**53**(7), 653-659.

渡部純夫（2011-2）．　「私たちの心」はどうなっているのか？　東日本大震災後のメンタルヘルス　Kaopp 仙台闊歩，**52-59**.

渡部純夫・大関信隆・皆川州正・小松紘（2007）．　性格特性ならびに主観的な職場評価が介護施設職員のストレス反応に及ぼす影響　感性福祉研究所年報，**8**, 43-54.

山中寛・冨永良喜（編著）（2000）．　動作とイメージによるストレスマネジメント教育　北大路書房

吉田克彦・若島孔文（2008）．　小学校スクールカウンセリング入門　金子書房

事 項 索 引

人 名 索 引

執筆者紹介 (五十音順)

小俣　和義 (おまた　かずよし) [はじめに、序章、1章1節2項(2)、3章2節、5章1節、7章1節、8章3・4・8節、9章1節3項、9章3節3項、10章2・4節、終章]

　編者／青山学院大学教育人間科学部心理学科　教授　公認心理師・臨床心理士

有馬　慧 (ありま　さとる) [実践コラム2]

　医療法人社団風鳴会・地域生活支援センターサポートセンターきぬた　相談支援専門員
　　　　　　　　　　　　　　　　　　　　　　　　　　　　　　　公認心理師・臨床心理士

五十嵐　徹 (いがらし　とおる) [体験コラム1、9章1節2項]

　自衛隊横須賀病院　臨床心理士　公認心理師

大髙　基恵子 (おおたか　きえこ) [体験コラム2、8章7節]

　元日本大学本部学生相談センター　カウンセラー　公認心理師・臨床心理士

大西　恵 (おおにし　めぐみ) [1章1節1・2項(1)、1章2節、体験コラム4]

　元青山学院大学非常勤講師　公認心理師・臨床心理士

川瀬　里加子 (かわせ　りかこ) [4章2節、8章6節]

　医療法人清和会　新所沢清和病院　ライフセラピスト　公認心理師・臨床心理士

駒屋　雄高 (こまや　ゆたか) [2章、5章2節、8章2節、9章6節]

　東京都立大学大学院人文科学研究科人間科学専攻　准教授　公認心理師・臨床心理士

歳桃　瑞穂 (さいとう　みずほ) [8章5節、9章4節]

　浅野中学・高等学校　カウンセラー　公認心理師・臨床心理士
　元SSJ株式会社・島根あさひ社会復帰促進センター　社会復帰支援員

馬場　史津 (ばば　しづ) [6章、7章3・4節、9章1節1項]

　中京大学心理学部心理学科　教授　公認心理師・臨床心理士

平野　聖枝 (ひらの　きよえ) [3章1節、7章2節、9章1節4・5項、9章2節1項]

　浜松市役所健康増進課　臨床心理士　公認心理師

札本　桃子（ふだもと　ももこ）［体験コラム3、9章2節2項］
　　横浜博萌会・横浜いずみ学園　セラピスト　公認心理師・臨床心理士

宮本　亜由美（みやもと　あゆみ）［実践コラム3］
　　立川市教育部教育支援課　教育相談員　公認心理師・臨床心理士

矢田　明恵（やだ　あきえ）［実践コラム1］
　　フィンランドユヴァスキュラ大学教育・心理学部ポスドク研究員
　　　　　　　　　　　　Ph.D.（教育学）・公認心理師・臨床心理士

渡部　純夫（わたなべ　すみお）［4章1節、8章1節、9章5節、10章3節］
　　東北福祉大学総合福祉学部福祉心理学科　教授　臨床心理士

渡部　友晴（わたべ　ともはる）［9章3節1・2項、10章1節］
　　岩手県巡回型スクールカウンセラー　臨床心理士

編著者紹介

小俣　和義（おまた　かずよし）

青山学院大学教育人間科学部心理学科教授　公認心理師　臨床心理士
1988 年文教大学人間科学部人間科学科卒業。
1990 年青山学院大学大学院文学研究科心理学専攻博士前期課程修了。
2001 年青山学院大学に就任。専任講師、准教授（助教授）を経て、
2011 年より現職。おもな臨床実践は、精神科クリニックおよび大学
学生相談センター、家庭裁判所調査官研修等で行っている。2011 年
に東日本大震災心理支援センター運営委員として被災地の心理支援活
動に携わる。2022 年現在、青山学院大学大学院附置心理相談室室長、
日本臨床心理士会支援事業委員を務めている。

受賞：日本心理臨床学会奨励賞（2002）、青山学院学術褒賞（2007）
主著：『発達の臨床からみた心の教育相談』（分担執筆，ミネルヴァ書
　　　房，2003）、『臨床心理学入門事典』（分担執筆，至文堂，2005）、
　　　『親子面接のすすめ方』（単著，金剛出版，2006）、『青年期自立
　　　支援の心理教育』（分担執筆，至文堂，2007）、『被災地のここ
　　　ろと向き合って』（分担執筆，エリート情報社，2016）、『緊急
　　　支援のアウトリーチ』（共編著，遠見書房，2017）、『こころに
　　　寄り添う災害支援』（分担執筆，金剛出版，2017）、『公認心理
　　　師の職責』（分担執筆，遠見書房，2018）、『公認心理師分野別
　　　テキスト 3』（分担執筆，創元社，2019）など

イラスト：西川文香

こころのケアの基本──初学者のための心理臨床 ［増補版］

2013年9月26日	初版第1刷発行
2014年10月20日	初版第2刷発行
2020年4月15日	増補版第1刷発行
2022年4月1日	増補版第2刷発行

編著者　小俣　和義

発行者　木村　慎也

定価はカバーに表示　　印刷　新灯印刷／製本　川島製本

発行所　株式会社　北樹出版

〒153-0061　東京都目黒区中目黒1-2-6
URL : http://www.hokuju.jp
電話(03)3715-1525(代表)　FAX(03)5720-1488